과학적 접근으로 주식 투자 승리하는 법칙

# 이기는 투자자는
# 이것만 한다!

| 가미오카 마사아키 지음 |

# 시작하며

## 계속 이기기 위한 '단 하나의 방법'

"주식투자로 좀 더 쉽게 돈 버는 방법은 없을까?"

"주식으로 억대 수익을 내는 사람들의 투자 비결은 무엇일까?"

투자를 막 시작한 사람이나 앞으로 시작하려는 사람이라면 누구나 한 번쯤 이런 궁금증을 가져봤을 것이다. 이 책을 집어 든 당신 역시 아마도 같은 생각을 해봤으리라 짐작해 본다.

나는 26년의 주식투자 경력을 가지고 있다(2024년 현재). 23살부터 투자를 시작해 지금은 약 6억 엔의 자산을 구축했다(자세한 프로필은 뒤에서 다시 소개하겠다).

그렇다 보니 대형 증권회사나 국가 행정기관 등에 강사로 초청받아 투자 성공담이나 실패담을 토대로 주식 강연을 하는 기회가 종종 있다.

그렇게 마련된 세미나 자리에서 꼭 나오는 질문이 바로 앞서 말한 두 가지이다. 주식 초보자뿐 아니라, 투자 경험 10년이 넘는 베테랑 투자자도 자주 하는 질문이다.

사실 많은 투자자가 자신의 투자 기술이나 방법에 대해서 고민을 하는데, 그럴 수밖에 없는 게 당연하다.

학교나 대학에서는 수학이나 경제에 대해서는 가르쳐도 투자 방법을 가르쳐 주진 않는다. 모든 것을 본인 스스로 실천하고 실패를 경험하면서 습득해 나가야 한다.

이런 얘길 들으면 주식투자가 매우 어렵게 느껴질 수도 있겠지만, 결론부터 말해서 주식으로 성공하는 데는 '단 한 가지를 실천하는 것'만으로도 충분하다.

시장을 이기는 투자자는 수익 창출을 위해 '일정한 방법'을 실천하고 있는데, 이 일정한 방법을 가리켜 '패턴'이라고 부르기도 한다.

나는 이기는 투자자가 실천하는 방법을 알면 누구나 어느 정도는 주식투자를 통해 돈을 벌 수 있다고 확신한다.

그렇다고 노력이 전혀 필요 없다는 말은 아니다. 다만 그 방법을 안다면 당신이 주식투자에서 성공하기까지의 여정이 훨씬 짧아질 것이다.

서론이 다소 길어졌는데 결론을 한마디로 정리하면, 주식투자에서 이기기 위한 단 한 가지 법칙은 '재현성(再現性)'을 아는 것이다.

주식시장을 항상 이기는 투자자는 '이기기 위한 재현성'을 가장 중요시한다. 그러므로 이 재현성을 알기만 해도 몰라볼 정도로 실력이 쌓여 투자의 운용 방법 개선과 승률 상승을 기대할 수 있다.

## 주식은 도박이 아니다

당연한 말이지만 주식투자는 경마나 복권과 같은 도박이 아니다.

그렇다면 주식투자와 도박의 차이점은 무엇일까? 독자 여러분은 그 차이를 명확하게 설명할 수 있겠는가?

내가 생각하는 차이점은 '재현성' 여부다.

한마디로 말해서 나 같은 베테랑 투자자는 재현성 있는 몇 가지 승리 패턴을 찾아내어 그것을 시장 상황이나 주식 매매 타이밍에 맞춰 적용하면서 시장에서 계속 돈을 빼내고 있을 뿐이다.

바꿔 말하면 재현성 없는 투자 방법은 도박과 마찬가지다. 기대할 수 있는 결과나 성과를 수치화할 수 없기 때문이다.

이처럼 결과에 따른 리턴을 사전에 수치화하여 생각하는 것을 '기대치'라고 한다(매우 중요한 개념이므로 본론에서 자세히 설명하겠다).

더불어 투자자에게 필요한 것이 '자금 관리'이다. 즉, 수중에 가지고 있는 자금을 어떻게 잘 활용할 것인지가 중요하다. 내가 생각하는 자금은 포커 게임에서 사용하는 '카드'에 비유할 수 있다.

카드(자금)를 어떻게 조합하느냐에 따라 주식을 막 시작한 초보자라도 막강한 상대를 얼마든지 쓰러뜨릴 수 있으며, 실력 이상의 성과를 낼 수도 있다.

반대로 게임의 흐름을 읽어내지 못하거나 잇단 승리에 방심했다가는 아무리 강력한 카드를 갖고 있더라도 참패를 당할 수 있다.

이상의 요건을 충족하는 아래 공식이 바로 내가 생각하는 주식 투자에서 이기는 방법이다.

### 주식시장을 이기는 법칙
### 재현성 × 기대치 × 자금 관리

주식시장을 이기기 위한 이 방정식은 나의 23년에 걸친 투자 생활을 통해 도출해낸 것으로 어느 투자자에게나 공통하는 공식이다. 지금부터 반복적으로 등장하므로 머리 한구석에 넣어두자.

재현성 있는 복권 판매점이라면 누구나 쏜살같이 달려가 구매할 것이다

그렇다면 이제 예를 들면서 설명해 보기로 하겠다.

가령 1억짜리 복권에 당첨된 당신의 지인이 다음과 같이 말했다고 하자.

"당첨자가 많기로 유명한 그 복권방 소문은 들어봤지? 나도 거기서 샀는데 놀랍게도 당첨됐지 뭐야. 너도 한 번 사봐."

그 얘길 들은 당신은 무슨 생각을 할까?

"역시 친구밖에 없다니까."라며, 본인도 1억짜리 복권에 당첨되리라고 기대할까?

그래서 쏜살같이 판매점으로 달려가 복권을 구매할까?

별생각 없이 태평한 사람이 아니라면 "알려줘서 고맙긴 한데 당첨이 쉽게 되겠어?" 하고 대응할 것이다. 이유는 간단하다.

혹시나 하는 기대 심리로 혹은 속는 셈 치고 복권을 구매한다고 하더라도 친구처럼 1억에 당첨되는 일은 결코 없다는 사실을 자기 자신도 잘 알기 때문이다. 다시 말해 그 일에는 '재현성'이 없다.

그럼 친구가 이렇게 말했다면 어떨까?

"너한테만 말해주는 건데, 사실 그 복권방에는 매주 월요일 11시경에 1억 이상의 당첨 복권이 들어온다는 소문이 있어. 그 타이밍에 복권을 사면 당첨될 확률이 커지는 거지."

마침 시계를 보니 지금이 딱 그 시간이다. 그렇다면 아마도 당신은 판매점을 향해 전력 질주할 것이다. 당신뿐 아니라, 나 역시 뒤질세라 힘껏 달려갈 것 같다.

똑같이만 하면 누구나 이익을 얻을 가능성이 있으니 말이다. 주식투자도 이와 마찬가지이다. 이것이 바로 '재현성'의 힘이다.

## 월가의 금융맨도 '재현성'을 중요시한다

미국 월가의 금융맨들은 주식투자에서 이기기 위한 재현성만을 모아놓은 파일을 은밀히 고가에 거래한다고 한다.

지금 당장 수익을 낼 수 있는 시장 패턴이나 계절별 동향이 담겨 있는 그 파일을 단골 부유층 고객들이 사 가는 것이다.

어쩌면 그 파일에는 이 책에서 소개하는 재현성 말고도 계절적 변동성 등의 아노말리*적 요소가 포함되어 있을지도 모르겠다. 다만 분명히 말할 수 있는 것은 금융 전문가인 트레이더(trader; 주식이나 채권을 매매할 때 자신이 직접 거래하거나 시세를 예측하면서 고객 간의 거래를 중개하는 사람) 들도 재현성이나 법칙성에 주목하고 있다는 사실이다.

또한, 이 책에서는 주식투자에서 이기기 위한 재현성과 아노말리**를 굳이 동등하게 취급하고 있는데, 이는 나의 오랜 투자 철학에서 비롯된 것이라 하겠다. 그러는 편이 개인투자자인 독자 여러분이 시장을 이기기 수월할 것이라 믿기 때문이므로, 이점 미리 양해를 구하는 바다.

자, 이제 '이기는 투자자의 재현성'에 대하여 배워보고 싶은 마음

---

* 아노말리 이론에서 합리적인 설명이 어려운 법칙성이나 현상을 말함.

** 아노말리(anomaly)는 효율적 시장 가설로는 설명하기 어려운 증권 가격의 변칙성을 의미한다. 일반적으로 시장에는 기존 장세 이론으로는 증명할 수 없는 가격의 구성이나 경제적 합리성만으로는 도저히 설명할 수 없는 가격 변동이 있는데, 이는 주로 주식시장에서 많이 보인다.

이 생기는가?

이 책에서 전하는 재현성을 익힌다면 당신은 이기는 투자자에 한걸음 가까워질 것이다.

그뿐만 아니라, 당신이 지금까지 궁금해하던 이기는 투자자의 투자 기술에 대한 의문도 해결할 수 있다. 거듭 말하지만, 전문 투자자는 틀림없이 '재현성'을 중요시하고 있을 테니 말이다.

나 역시도 계속해서 '재현성' 있는 투자를 실천해왔기에 6억 엔이나 되는 투자 수익을 낼 수 있었다.

나는 전문투자자로서 TV 프로그램이나 〈닛케이 베리타스(Nikkei Veritas)〉, 〈다이아몬드 ZAi〉와 같은 경제잡지로부터 종종 인터뷰 요청을 받는다.

본업은 따로 있으니 전적으로 부업 트레이더라고 할 수 있는데, 지금도 많을 때면 월 1,000만 엔 이상의 안정적인 투자 수익을 올리고 있다. 배당금만 해도 연간 500만 엔에 가깝다. 게다가 구독자 수 20만 명(2024년 8월 현재, 서브 채널 포함)을 보유한 투자 관련 유튜버로서도 활발히 활동 중이다.

## 파산 위기에 몰려 힘들었던 과거를 통해 배운 점

내 소개에 "가만 듣자니 결국은 자기 자랑이네.", "운이 좋았겠지!" 하고 생각하는 독자도 있을 텐데, 나도 주식을 처음 시작한 20대 초반에는 여러분과 다를 바 없이 실패만 했었다. 주식 잡지나 인터넷에 떠도는 정보만 덥석 믿고 종목을 선택하거나 손절매 규칙도 모른 채 앞뒤 재지 않고 그저 자금을 쏟아부었으니 그럴 만도 했다.

또, 예상이 적중해서 주가가 상승해도 언제 이익 확정*을 해야 하는지 몰랐다.

이보다 더 최악은 예상과는 다르게 차트가 내려갔을 때이다. 당연히 이기기 위한 손절매 규칙도 멘탈 관리 방법도 알지 못했다.

---

\* 이익 확정: 보유한 수식이나 외환 등의 자산이 증가해서 평가익(미실현이익)이 발생했을 때 그 시점에서 매각하여 이익을 확정하는 것을 말함.

한때는 초보자의 행운이 찾아왔던 건지 이겼던 적도 있다. 하지만 주식 시세가 조정 국면에 들어서자 순식간에 가지고 있던 200만 엔의 군자금이 바닥났고, 결국 매입가보다 떨어지는 바람에 팔지를 못해 본의 아니게 장기투자로 이어졌다.

이것 말고도 또 있다. 내 주식 인생 최대의 위기는 2007년도 서브프라임 모기지 사태 직전에 신용거래에 손을 댄 그때였다.

신용거래란 증권사에 예치한 현금과 보유 종목을 담보로 자금을 빌려 레버리지*를 걸어서 매매하는 방법을 가리킨다. 100만 엔밖에 없는 투자자도 300만 엔까지 자금량을 늘려(증권사에 따라 규정이 다르다) 주식투자를 할 수 있으며 그만큼 리턴 속도가 빨라지는데, 대신에 예상이 빗나갔을 때의 리스크도 세 배로 커지므로 작은 실수가 돌이킬 수 없는 손실을 초래하기도 한다.

당시 나는 2002년 후반부터 지속되고 있던 닛케이 평균(도쿄증권거래소의 주요 주가지수)의 강세 시세에 들떠서 무리하게 신용거래를 하고 있었다. 이른바 풀레버리지**였다.

얼마 후 미국발 신용 불안으로 인해 강세 시세가 단번에 와르르 무너졌고, 나는 두 차례에 걸쳐 추가 증거금(증권사에 부족한 담보를 넣는

---

* 레버리지(leverage): 증권사 계좌에 넣은 예치금과 증거금을 바탕으로 더 큰 금액으로 금융상품을 거래하는 것을 말함.

** 풀레버리지(full leverage): 최대 배율로 레버리지를 이용하는 것을 말함.

첫) 납부 요구를 받으면서 신용거래로 인한 파산 위기에 몰렸다.

그런데 천만다행으로 추가 증거금 납부 요구가 있었던 다음날 닛케이 평균이 회복되어 V자 반등이 이어진 덕분에 아슬아슬한 상황에서 가까스로 위기를 모면했다.

만일 그때 운 좋게 주가가 반등하지 않았다면 나는 지금처럼 이렇게 책을 쓰거나 사람들 앞에서 주식투자 성공법을 당당하게 말하는 상황을 맞이하지 못했을 것이다.

교훈으로서 한마디 하자면, '운'만으로는 주식투자에서 이길 수 없다. 특히 계속해서 이익을 창출하는 것은 절대 불가능하다.

주식투자에서 이기려면 계속 이기기 위한 원리원칙이 있어야 한다. 나는 그 사실을 그때 몸소 깨달았다.

## 개인투자자라도 전문 트레이더에게 이길 수 있는 방법이 있다

이런 얘길 하면 다음과 같은 질문이 들어온다.

"어차피 아마추어나 다름없는 개인투자자는 아무리 노력해도 해외투자자나 대형 펀드사의 전문 트레이더에게는 절대 못 이기는 거 아닌가요?"

그런데 내 생각은 다르다.

'재현성'을 손에 넣기만 한다면 외국인 투자자나 대형 펀드사의 전문 트레이더보다도 이 책을 읽고 있는 개인투자자 여러분이 훨씬 유리할 수도 있다.

펀드사의 전문 트레이더나 대형 기관 등에서도 지금은 AI(인공지능)에 의한 시스템 트레이딩을 도입하고 있다. 빅 데이터를 통해 인간을 능가하는 속도로 기대치를 산출하여 매매를 반복한다.

기대치란 각 종목과 차트 별로 과거 어느 정도의 수익률이 있었는지 평균치를 계산하고 그것을 반복함으로써 결과적으로 플러스마이너스 어느 정도의 숫자에 안착하는지를 나타낸 값이다. 'AI 트레이딩'은 이를 순식간에 판정한다.

다만 AI 트레이딩으로도 100%의 승률을 올리지는 못한다. 싸우는 상대가 그야말로 기계 그 자체라면 AI에 의한 기대치의 연산을 통해 얼마든지 승률을 높일 수 있다. 그러나 주식투자에서는 기계만을 상대하지 않는다. 대치하는 것은 바로 살아 있는 우리 인간이다.

그리고 인간이기에 망설이기도 하고 때로는 두려움에 움츠리기도 하며 욕망이나 분노를 터뜨리는 등 여러 감정을 드러낸다.

그래서 AI의 예상이 틀리는 경우가 있다. 그것이 우리 일반 개인투자자가 파고들 틈을 만드는 것이다. 그런 상태에서 우리가 주식투자 시의 '재현성'을 손에 넣는다면 상대방이 인공지능이건 뭐건 간에 아무리 거대한 상대라 해도 싸움을 충분히 유리하게 끌고

갈 수 있다.

## '어제의 승리'를 재현할 수 있는가?

여기까지 읽은 현명한 독자라면 이미 눈치를 챘을지도 모르겠다.

그렇다. 지금부터 소개할 '재현성'이란 성공률 높은 매매나 과거의 차트 분석, 그와 동시에 매크로 경제나 금융 동향의 관찰을 통해 법칙성을 발견하고 개인투자자의 강점을 살려 가장 좋은 타이밍에 투자하는 것이다.

더 큰 승리를 위한 공통항을 찾아내어 더 높은 기대치를 가지고 유리한 매매로 연결할 수 있다.

많은 공통항을 발견한다면 틀림없이 이 책을 다 읽고 난 후

이기기 위한 독자적 패턴으로 연결할 수도 있을 것이다.

이를 위해 재현성을 추구할 때는 궁극적으로 많은 경험과 차트를 통해 이기기 위한 패턴을 찾아 나가야 한다.

즉 대량의 샘플에서 패턴을 발견해 나간다는 얘기다.

솔직히 말해서 매우 힘든 작업이다. 나는 이 책을 쓰면서도 몇 번이고 포기할 뻔했다. 그나마 오랜 투자 경력이 있었기에 경험이나 대량 매매 이력을 통해 몇 가지 패턴을 찾아낼 수 있었던 게 아닐까 싶다. 만일 내가 주식을 시작한 지 얼마 안 되는, 경력이 얕은 투자자라면 도저히 이 작업을 완수하지 못했을 것이다.

반면에 독자 여러분은 이러한 노력이나 시간에서 해방되는 셈이다.

내가 그 재현성 패턴을 이 책을 통해 하나하나 자세히 소개해 나갈 테니 말이다.

## 이기는 규칙을 알면 주식으로 돈을 벌 가능성이 커진다

서두에서도 말했듯이 주식투자에는 이기기 위한 방정식이 존재한다.

기관 투자자나 전문투자자는 모두 그 방정식의 존재를 알고 있으며, 수익 창출을 위해 활용하고 있다.

이 책에는 그러한 재현성 있는 투자 기술과 생각만을 모아봤다.

그런데 어려운 테크닉이나 이른바 베테랑 투자자만이 알고 있을 법한 '숨은 비법' 같은 것은 존재하지 않는다.

지금까지 서술해 온 바와 같이, 이기기 위한 투자법은 모두 전문 투자자가 반복하여 활용하고 있는 기본적이지만 재현성 높은 방법의 조합에 지나지 않는다.

어려운 투자 기술을 동경하는 초보 투자자가 많다는 사실은 알고 있다.

속독만큼은 누구에게도 뒤지지 않을 자신이 있었던 나는 주식을 시작한 23년 전에 베테랑 투자자의 기술을 습득하려고 온종일 오로지 주식투자 관련 책을 읽고 연구했다.

당시 시나가와 역 앞에 있는 대형서점 주식 코너에 있는 책이란 책은 거의 다 읽었다. 과장이 아니라 족히 100권 넘는 책을 읽었던 것으로 기억한다.

하지만 차트 분석 방법이나 재무제표 보는 방법을 습득했어도 주식투자에서 계속 이기지는 못했다. 나 자신도 과거 비슷한 종류의 책을 썼던 적이 있는데, 솔직히 '전문가용' 방법이었음을 부정할 수가 없다.

주식투자에서 이기기 위한 재현성이란 타인을 그저 따라 하는 것이 아니다.

이기는 주식투자의 기본적 구조에 대한 이해를 토대로 이기는 투자자가 반복하고 있는 방법을 알고, 지는 투자자의 습관이나 패턴을 속속들이 파악하여 종목 선택이나 차트 분석에 적용하는 것이다.

이러한 방법을 익히려면 이기는 투자자가 실천하고 있는 재현성을 배우는 수밖에 없다.

이 책은 주식을 막 시작한 초중급 투자자에서부터 최근 들어 주식으로 수익을 내지 못하게 되었다고 고민하는 사람, 그리고 투자에 관심을 가지기 시작한 초보자를 위해 집필하였다.

시장을 이기는 투자자가 실천하고 있는, 재현성 있는 기술이나 지식에 초점을 맞춰 가능한 한 어려운 전문용어를 쓰지 않고 나의 실제 트레이딩이나 실패담 등을 섞어가면서 설명하고자 했다. 26년에 걸친 주식투자의 성공과 실패를 간접적으로나마 체험할 수 있을 것이다. 그러므로 다 읽고 난 후에도 꼭 옆에 두고 참고하길 바란다.

주식에서 계속 이기는 투자자는 '이것'만 한다. 이 책은 바로 주식투자에서 이기는 방법에 관한 내용을 집대성한 결과물이다.

이 책을 읽는 한국 독자 여러분에게 당부하고 싶은 말이 있다. 이 책은 주식 투자 스킬이나 특정 국가의 주식을 권유하는 내용이 아니다. 오히려 이 책은 여러분이 소중한 자산을 지키고, 리딩방이나 주변 사람들의 말에 흔들리지 않는 자신만의 이기는 투자 습관을 만드는 데 도움을 주고자 집필되었다.

앞으로 다루게 될 내용에서 보겠지만, 주식 시장은 미국, 일본, 한국 등 여러 나라의 주식 시장이 서로 밀접하게 연결되어 움직인다. 이 책에서 다루는 사례나 경험은 일본 시장을 배경으로 하고 있지만, 오히려 한국 시장과 직접적인 연관성이 없기 때문에 더 객관적으로 시장을 바라볼 수 있게 해줄 것이다. 이러한 측면에서, 이 책은 여러분의 투자 여정에 중요한 지침서가 될 것이라 확신한다.

이 책이 여러분의 주식 투자에 도움이 되기를 바라며, 이기는 투자 습관을 확립하는 데에 큰 역할을 하기를 기대한다.

가미오카 마사아키

# 목차

# 제7장 욕망을 제어할 줄 아는 사람만이
## 투자를 제압한다
### '최강 멘탈 기술' 베스트 10

## 제1장

# 빠르게 투자 마인드를 갖추자

초보자부터 전문가까지 모두가 알아두어야 할 '새로운 상식'

# 바쁜 와중에도 주식으로 돈을 벌 수 있다

한정된 시간에 이익을 내기 위한 3대 원칙

현재 나는 주식 매매로 연간 수천만 엔의 수익을 올리고 있다. 연간 배당금도 일본인의 평균 연봉을 넘는다.

유튜버 활동은 물론이고 본업인 회사 운영을 약 20년 가까이 유지하고 있으며, 비즈니스 작가와 대학 강사로도 활약하는 등, 아침부터 밤늦게까지 눈코 뜰 새 없이 바쁘다.

그런 가운데 아침에 잠시 틈이 나는 시간을 이용해 주식으로 돈을 벌고 있다. 그럴 수 있는 이유는 이기기 위한 재현성 높은 방법을 계속 실천하고 있어서다.

그럼 이제 주식투자를 통해 이익을 창출하기 위한 세 가지 요소를 소개해 보겠다.

자, 준비되었다면 지금 바로 계속 이기는 투자자가 되기 위한 핵

심을 짚어보자.

먼저 서두에서 말했듯이 (1) '재현성'을 확립해야 한다.

이어서 중요한 것으로 (2) '자금 관리' 방법을 알아야 한다.

그리고 마지막은 (3) 자신의 욕망이나 두려움을 이겨내는 '멘탈 관리' 방법을 배워야 한다.

위의 세 가지를 기억하면 주식투자에서 이기기 위한 노하우는 전부 손에 들어오는 셈이다. 사실 시장을 이긴다는 것은 어찌 보면 매우 단순한 일이다.

직장생활이든 뭐든 현재 자신의 본업을 유지하면서 힘을 빼고 자연스럽게 트레이딩(주식, 채권 따위를 단기간 내에 사고팔아서 수익을 내는 일) 경험을 쌓는 것이야말로 성공으로 가는 지름길이라고 나는 생각한다.

오히려 직장을 다니면서 혹은 전업주부이면서 주식투자를 할 수 있다는 것은 그 자체만으로도 기관 투자자나 외국인 투자자처럼 큰돈을 움직이는 전문 트레이더와는 반대되는 포지션(position: 건옥(建玉)과 같은 의미로, 매매 약정은 이루어졌으나 아직 대금 결제가 되지 않은 증권의 수량을 말하며, 미결제약정(open interest) 또는 미결제 거래 잔고라고도 함)으로 대응할 수 있으니 생각하기에 따라서는 훨씬 더 유리할 수도 있다.

그러므로 앞서 기술한 세 가지 포인트 (1) 재현성, (2) 자금 관리,

(3) 멘탈 관리를 제대로 배워 나가는 것이 중요하다.

 **Check Point**

주식투자에서 이기기 위한 포인트는 ⑴ 재현성, ⑵ 자금 관리, ⑶ 멘탈 관리. 이 세 개의 피라미드를 쌓아 올리자.

투자의 새로운 상식 ②

# POINT 02

# 개인투자자의 80%는 이기지 못했다

앞사람의 실패를 통한 배움

주식투자로 약 6억 엔의 자산을 구축한 나도 처음에는 실패의 연속이었다.

그것은 동시에 두려움과 망설임의 연속이기도 했다.

주식투자를 시작한 지 2년 정도까지는 불안감이 항상 따라다녔는데, 특히 리먼 사태나 동일본 대지진이 일어났을 때는 심리적 압박감이 너무 커서 마음이 불안정한 상태가 이어졌고, 그런 상황에서 한때 불어났던 자산도 순식간에 줄었다.

불안정한 심리 상태는 투자에 직접적으로 영향을 미쳤다.

이대로는 주식시장에서 살아남지 못할 수도 있다는 위기감 속에서 과거의 거래 이력을 전부 들추어내고 처음부터 다시 자신의 실패를 재검토해 보기로 했다. 그저 주식을 사고파는 게 아니라, 왜 실패했는지, 왜 자산이 점점 줄게 되었는지, 시장을 이기려면 어떻게 해야 하는지, 원인과 결과를 파헤쳐 봤다.

그렇게 각고의 노력 끝에 찾아낸 것이 주식투자의 세 가지 포인트인 '재현성', '자금 관리', '멘탈 관리'이다. 그중에서도 지금부터 소개하는 '재현성'은 특히 중요하다. 바로 이 재현성 있는 매매를 할 수 있게 되면서부터 서서히 주식투자에서 이기기 시작하여 6억 엔이나 되는 자산의 초석을 다질 수 있었으니 말이다.

더불어 실패를 되돌아보는 작업 과정을 통해 나는 '주식으로 성공하는 사람의 구조'와 '주식으로 실패하는 사람의 구조'라는 존재를 알게 되었는데, 이 발견이 내 인생을 바꾸어 놓았다고 해도 과언이 아니다.

## '공격'과 '수비' 모두를 강화하자

돌이켜보면 내게 부족했던 것은 공격 기술과 수비 기술 모두였다. 이 두 가지 기술이 합쳐져야 주식투자에서는 차근차근 성공에 가까워질 수 있다.

나는 크게 실패했던 자신의 과거를 되돌아봄으로써 수비 기술

(자금 관리와 멘탈 관리)과 공격 기술(성공하기 위한 재현성)의 양립이 무엇보다 중요하다는 사실을 깨달았다.

그리고 그 후의 성적은 몰라보게 안정되었다.


이 책에서 소개하는 주식투자의 테크닉이나 기술은 매우 단순하다.

왜냐하면 모두 내가 실천을 통해 구축해온 것들이기 때문이다. 탁상공론이나 실용성 없는 지식만큼 당신의 투자를 방해하는 것은 없다.

여러분이 과거에 했던 대부분의 실패는 '재현성이 없었을 뿐 아니라 자금 관리와 멘탈 관리가 이루어지지 않았던 점'에 원인이 있다.

많은 실패를 경험해 보았기에 자신 있게 장담할 수 있다.

## 전문투자자일수록 단순한 방법을 중시한다

사실 주식시장을 이기는 데 어려운 테크닉 따위는 거의 필요 없다.

이 책을 끝까지 다 읽은 여러분이라면 다음과 같은 불만을 터뜨릴지도 모르겠다.

"고작 이게 다라고요?"

"어려운 분석 방법은 정말 필요 없나요?"

내가 여기서 강조하고 싶은 얘기는 여러 가지 테크닉이나 지식을 공부해도 여전히 주식투자에서 이기지 못하는 개인투자자가 80%라는 사실이다.

"약 80%의 투자자는 주식시장을 이길 수 없다."라는 얘기를 흔히들 하는데, 그 이유는 중요한 것을 소홀히 하고 어려운 테크닉이나 지식에만 마음을 빼앗기고 있기 때문이다.

나는 투자 경력 족히 50년이 넘는 수많은 전문 트레이더와 투기꾼이라고 불리는 전업 투자자들을 많이 만나 봤다.

그런 전문투자자일수록 주식 매매 기법이 매우 단순하다. 마치 검술의 달인과도 같이 익숙한 트레이딩 방법을 날마다 갈고닦아 소중히 여긴다. 그렇게 소중히 여기는 기술이나 방법도 누구나가 알법한 기본 패턴의 조합인 경우가 대부분이다.

그러므로 내 경험의 집대성이라고도 할 수 있는 이 책은 정말로 단순하지만 누구나가 반드시 알아두어야 할 가장 중요한 요점만을 여러분께 확실히 전달하고자 하는 마음으로 구성해 보았다.

## 투자자의 80%가 같은 실패를 반복한다

거듭 말씀드리다시피 매사 실패하는 사람의 대부분은 기초를 소홀히 하는 데에 원인이 있다.

여러분의 비즈니스 현장에서도 중요한 장면에서 말이 잘 안 나오거나 자신의 능력을 제대로 발휘하지 못하거나 멘탈이 무너져서 커다란 실수를 하는 바람에 돌이킬 수 없는 지경에 이르는 사례도 있을 텐데, 그것 역시 기초가 부실하기 때문이다.

주식투자도 마찬가지다(기술이나 경험을 겨루는 세계이므로 다를 수가 없다).

안정적인 수익 성장을 위해서는 실패의 구조를 이해하고, 그에 대한 대책을 세우는 것이 매우 중요하다.

그러므로 다음 항부터는 지금까지 거듭 강조해온 (1) 재현성, (2) 자금 관리, (3) 멘탈 관리라는 중요한 세 가지 포인트를 제대로 숙지했으면 한다.

이제부터 주식투자에 대해서 당신이 가지고 있는 '상식'을 조금씩 풀어나가 보기로 하겠다. 아무쪼록 마음 가는 대로 편안하게 읽어나가길 바란다.

 **Check Point**

누구나 처음에는 실수를 반복한다. 계속 지기만 하는 이유를 확실히 파악하여 과거의 실수를 또다시 저지르지 않도록 하자.

## POINT 03

# 해외에서 보면 닛케이 평균과 일본 시장은 또다시 거품이?

### 주식투자의 부정적 이미지를 해소

여러분은 '주식투자'에 대해서 어떤 이미지를 가지고 있는가?

"매우 어렵다.", "전문가만이 할 수 있는 자산운용 방법이다."

그중에는 할아버지나 아버지로부터 주식투자만은 절대 하지 말라는 말을 귀에 못 박히도록 들어온 사람도 많을 것이다.

이 부분은 한국도 주식에 대한 비슷한 이미지를 가지고 있다고 생각한다.

사실 90년대 초반 거품경제 붕괴 이후 일본의 경제와 주식시장은 20년간 계속 하향세를 기록해 왔다. 90년대 이전 당시에 주식투자를 했던 고령자분들이 주식투자를 부정적인 시각으로 보는 것은 어쩔 수 없는 일이라고 생각한다.

다만, 한편으로는 고이즈미(小泉) 정권에서 아베노믹스(일본 아베 신조(安倍晉三) 총리가 침체된 경기를 부양하기 위해 실시한 경제정책을 뜻하는 말로 '아베'와 '이코노믹스'(economics: 경제적 고려, 경제학)의 합성어)를 내건 아베 정권으로 바뀌면서 주가는 다시 한번 강력한 회복력을 되찾았다.

2024년 현재는 '30년 만의 주식 호황'이라고 나는 생각한다.

달러 표시 닛케이 평균의 장기 추이 (1980년 이후)

## 지금은 30년 만의 호황기??

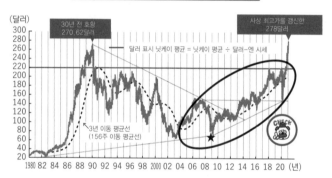

출처: Bloomberg에서 발췌, 라쿠텐 증권경제연구소 작성(1980년 초~2021년 1월 21일)

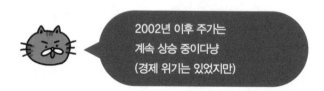

2002년 이후 주가는
계속 상승 중이다냥
(경제 위기는 있었지만)

호황이라고 생각하는 이유는 달러 표시*로 닛케이 평균을 보면 알 수 있다(앞 페이지 그림 참조). 일본은 외국인 투자자가 70%를 차지하고 있으며, 그 영향력이 세계 시장 안에서도 높은 것으로 알려졌다.

달러로 매매하는 외국인 투자자의 시각에서는 지금의 닛케이 평균은 80년대 거품경제기와 거의 같은 위치에 있다. 그야말로 주식 호황이 다시 시작된 양상이다.

일본 엔화로 매매하는 일본인과는 또 다른 세계가 보이는 것이다.

## 이기는 투자자는 그저 이기기 쉬운 장세의 흐름을 타고 나아가기만 할 뿐

즉, 일본 주식시장은 2000년에 바닥을 친 이후 미국과 비교해도 손색이 없을 정도로 쭉 상향 곡선을 그리며 상승을 지속하고 있다고 할 수 있지 않을까.

리먼 사태와 차이나 쇼크 등, 몇 차례나 급락과 쇼크를 겪으면서도 그때마다 부활해 계속 회복하고 있다는 말이다(2024년 현재).

이러한 배경을 고려하면 주식을 조금씩 늘려 수익을 창출하는

---

* 달러 표시: 환율 거래를 달러로 표시하고 지급도 달러로 하는 것을 말함

것은 사실 그렇게 어려운 일이 아님을 알 수 있다.

이 책을 집어 든 사람의 대부분은 조금이라도 주식으로 돈을 벌고 싶다거나 어떻게 하면 주식으로 성공할 수 있을까를 고민하는 사람이라고 생각한다.

그런 당신에게 한 가지 질문이 있다.

앞 페이지에 나타낸 차트의 가장 낮은 곳(★표시)에서 닛케이 평균에 연동하는 투자신탁 등을 매수했다면 도대체 몇 퍼센트의 투자자가 돈을 벌었을까?

"일본은 경기가 좋지 않았으니 주식으로 돈을 번 사람은 30%도 안 될 것이다."라고 생각하는 사람은 주의가 필요하다. '상식'에 얽매여 있으니 말이다.

답은 거짓말 조금도 안 보태고 "90%의 투자자가 돈을 벌었다." 이다.

이때 수십만 엔으로 수천만 엔을 번 투자자도 속출했다. 나도 그중 한 명이다.

어느 정도 주식투자를 경험하다 보니, 주식 초중급자들이 처음에 "돈을 벌려면 어떤 지식이 필요할까?" 또는 "어떤 테크닉을 갖추면 성공할 수 있을까?"라는 투자 기술에만 관심을 보인다는 사실을 나도 잘 알고 있다.

주식을 막 시작한 초보자가 지식이나 기술 습득에 열을 올리는 나날을 보내기 쉽다는 것도 충분히 상상이 간다.

여기서 잠깐, 그런 분들께 한 가지 묻고 싶다. "주식으로 돈을 벌기는 어렵다."라는 당신의 선입견이 애초에 잘못된 게 아니냐고.

투자는 어렵고 많은 준비가 필요한 것이라는 생각은 이제 접자. 이렇게 호언장담할 수 있는 근거도 당연히 있다.

성공하는 투자자의 대부분은 스킬이나 테크닉에 앞서 매수하기 쉬운 타이밍에, 매수하기 쉬운 차트에 있는 종목에 집중하여 투자하고 있을 뿐이다.

그리고 그렇게 해서 큰 이익을 얻고 있다. 물론 단기 투자자가 됐던 장기 투자자가 됐던 누가 됐든지 간에 다르지 않다.


극소수의 사람이 알고 있는 정보만이 승패를 가를 만큼 주식투자에서의 승리 규칙은 복잡하지 않다. 오히려 정보가 너무 많으면 답이 복잡해져서 초보자가 이기기 어려워질 뿐이다.

항상 이기는 투자자는 그저 이기기 쉬운 타이밍에 이길 수 있는 배에 몸을 싣고 장세의 흐름을 타면서 이길 수 있는 방향으로 노를 젓고 있을 뿐이다.

당신도 마찬가지로 조류를 잘 살핀 후 알맞은 타이밍에 '이길 수 있는 배'에 오른 다음 흐름에 몸을 맡기기만 하면 된다.

주식투자에서 고도의 지식이나 기술은 필요 없다. 중요한 것은 이기기 쉬운 장세의 흐름을 붙잡는 것이다.

# POINT 04

# 축적된 과거의 데이터는 배신하지 않는다

시장의 '왜곡'을 간파하는 요령

그 하나의 예로 주식시장의 '왜곡'을 이용하는 방법에 대하여 설명하기로 하자.

뒤에서 더욱 자세히 설명하겠지만, 재현성에 대한 이해를 돕기 위해 조금만 더 서술해 보겠다.

먼저 다음 도표를 통해 살펴볼 텐데, 이것은 지난 30년간 미국에서 상장된 대표적인 500개 종목의 지수인 S&P500(국제 신용평가기관인 미국의 Standard and Poors (S&P)가 작성한 주가지수)의 평균 추이를 월별로 나타낸 데이터이다.

보시는 바와 같이, 미국의 주가는 3월 이후 상승하다가 8월에 접어들면서 하락하는 것을 반복하고 있다. 8월부터 9월까지 조정 국면을 거친 주가는 11월이 되면서 반등한다. 거기서부터 3, 4월에 상한가를 친 후 다시 완만하게 내려간다.

## 미국 주식에는 숨겨진 규칙성이 있었다!

### S&P500 지수의 월별 리턴 평균 (과거 30년 평균)

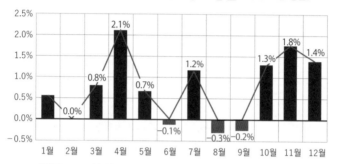

출처: Bloomberg에서 발췌, 라쿠텐 증권경제연구소 작성(1991~2020년)

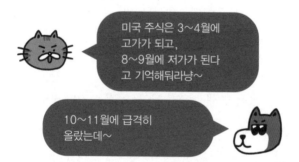

미국 주식은 3~4월에
고가가 되고,
8~9월에 저가가 된다
고 기억해둬라냥~

10~11월에 급격히
올랐는데~

뜻밖의 연동!?

## 미국 주식과 일본 주식의 커플링(동조화)

### 닛케이 평균 주가와 나스닥 종합 지수(NASDAQ)

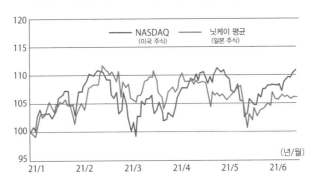

참고로 이 아노말리는 1991년부터 2020년의 미국 주가를 나타낸 데이터이다.

100%의 적중률은 아니지만, 2, 3년이 아니라 30년간에 걸친 데이터 축적의 결과라면 상당한 재현성이 인정될 것으로 보인다.

2021년 1월 4일을 100으로 하여 지수화하였다. 참고로 주가는 매일의 종가에서 산출한다.

## 주식에도 법칙성이 있다?

한편, 일본 주식과 한국 주식은 어떨까?

미국 주식과 일본 주식 그리고 한국 주식은 어느 정도 연동하여 움직이는 것으로 알려졌다. 이를 '커플링(동조화: 둘 이상의 국가에서 환율, 주가, 금리, 경기 등의 지표가 같은 방향으로 움직이는 현상)'이라고 한다.

위 그림은 미국 주식과 일본 주식이 얼마만큼 연동하고 있는지를 차트로 나타낸 것이다.

100%는 아니더라도 일본 주식과 한국 주식 역시 비슷한 움직임을 보이는 경향이 있다고 할 수 있지 않을까. 적어도 이 재현성을 알고 있는 투자자와 무심코 그때의 분위기에 휩쓸리거나 미디어의 정보만을 그대로 믿는 투자자 사이에는 방법도 대응도 전혀 다를 것이다.

이 데이터를 처음 접한 투자자는 재현 가능성에 놀랐을지도 모르겠다. 그렇다면 지금부터 우리가 맞설 적의 실체를 하나하나 밝혀 나가고자 하니 기대하시라.

 **Check Point**

순간적인 주가 변동을 살피는 것이 아니라, 이전부터 축적해 온 데이터를 통해 미래를 예상한다.

## 제2장

# 주식투자는 최초의 준비가 90%를 차지한다

세상에서 제일 간단한 '대박 투자자 전략'

# POINT 05

# 누구에게나 반드시 '대박 투자자'가 될 기회가 있다

## 부자가 되는 이미지를 가져 보자

이번 장부터는 주식투자로 자산을 불리기 위한 본질에 조금씩 다가가 보기로 하겠다. 전문 지식이 등장하기도 하지만, 하나하나 자세히 설명할 생각이므로 주식 초보자분들도 안심하고 따라와 주길 바란다.

그건 그렇고, 나는 이 책을 손에 쥔 당신이 어쩌면 다음과 같은 마음을 가지고 있는 게 아닐까 짐작해 본다.

"번번이 실패했으면서도 여전히 포기가 안 된다. 꼭 주식으로 자산을 형성하고 싶다."
"노후에 대한 불안감을 조금이나마 덜고 싶다."

"파이어족(FIRE는 경제적 자립, 조기 퇴직(Financial Independence, Retire Early)의 첫 글자를 따서 만들어진 신조어)이나 대박 투자자까지는 못 되더라도 가능하다면 매달 안정적인 수익을 벌고 싶다."

물론 이 책은 그런 투자자를 위한 것이다.

오해를 무릅쓰고 말하자면 주식투자로 억을 손에 넣는 것은 그리 어렵지 않다고 나는 생각한다.

오히려 대박 투자자를 꿈꾸지 않는 것이 안타까울 정도다.

왜냐하면 주식으로 억을 창출하는 과정에서도 재현성을 이용할 수 있기 때문이다. 투자란 자산을 두 배 세 배로 불리는 게임을 반복하는 것에 불과하다.

## 주식으로 1억 엔을 만들든 200만 엔을 만들든 별반 다를 바 없다

투자의 세계에서는 10만 엔의 자산을 20만 엔으로 만들든 1억 엔을 2억 엔으로 만들든 간에 거기에 시간과 노력, 필요한 지식과 기술을 사용하는 재현성의 힘은 거의 똑같다.

"무슨 말씀을? 액수가 전혀 다른데!" 하고 생각하는 독자도 있을 것이다.

하지만 곰곰이 따져 보면 양쪽 모두 자금이 두 배로 불어나는 것임을 알 수 있다.

10만 엔을 20만 엔으로 만들 수 있는 투자자는 자산을 계속 두 배로 불려 나가다 보면 언젠가는 1억 엔에 도달할 가능성을 지닌 투자자라는 얘기다.

내 경험에 비추어 보면 자력으로 자산 1,200만 엔을 돌파하기까지가 가장 힘들었다. 그러나 1,200만 엔에 도달한 후부터는 약 두 배인 2,500만 엔, 그다음은 5,000만 엔, 그리고 1억 엔으로 가는 길이 뚜렷이 보이기 시작했다. 5,000만 엔까지만 도달하면 그 후에는 같은 일을 딱 한 번 반복하기만 하면 된다.

주식투자를 통해 10만 엔을 20만 엔으로 만드는 재현성을 알기만 한다면 나머지는 반복이다. 누구에게나 대박 투자자가 될 기회가 동등하게 있다고 생각되지 않는가?

요컨대 이미지의 문제다.

월트 디즈니는 잡초밖에 없는 광대한 벌판에 거대한 테마파크를 건설했다.

세계 최대의 카지노 도시가 된 라스베이거스도 처음엔 온통 사막이었다. 불모지나 다름없는 땅에 테마파크나 거대한 호텔이 세워지는 이미지를 그려왔기 때문에 0에서 100을 쌓아 올리는 일에 성공한 것이다.

비즈니스맨이나 실업가도 마찬가지다. '경영의 신'이라고 불리는 마쓰시타 고노스케(松下幸之助) 역시 어려서 가난은 했지만 어린 시절부터 작은 성공을 하나하나 축적해 나가면서 상품이나 사업의 장래성을 항상 머릿속으로 그리며 꿈꿔온 덕분에 파나소닉(구 마쓰시타전기산업)을 세계적 기업으로 키워낼 수 있었다.

그들도 해냈는데 당신만 못할 리가 없다.

당신이 '할 수 있다'고 머릿속에 그릴 수 있는 일은 그게 뭐든 달성할 수 있다.

**Check Point**

우선은 적은 돈으로 시작하여 조금씩 불린다. 구체적인 이미지를 머릿속에 그리면서 작은 성공을 차곡차곡 쌓아 나가자.

POINT
06

대박 투자자가 되기 위한 조건 ①

# 얻은 이익은 모두 재투자한다

복리의 힘을 이용하자

누구나 '대박 투자자'가 될 수 있다고 앞에서 기대감을 잔뜩 심어 놓고는 이런 말을 하기가 죄송하지만, 대박 투자자가 되기 위해서는 몇 가지 전제 조건이 있다.

그중 하나는 얻은 이익을 모두 재투자한다는 것이다.

모처럼의 이익을 투자했다가 날리기라도 하면 어쩌나 싶은 마음이 들 수도 있겠지만 걱정할 필요는 없다. 오히려 이익을 전부 투자하지 않는 쪽이 안타까운 일이다. 이익을 쌓아 재투자해 나가다 보면 '복리의 힘'을 이용해 커다란 자산을 구축할 수 있으니 말이다.

복리란 얻은 이익이나 배당금을 재투자하여 원금을 불려서 눈덩이처럼 더 크게 불어나도록 하는 것을 말한다. 여러분도 주식을 시작하면서 다음과 같은 그래프를 한 번쯤은 본 적이 있을 것이다. 이것이 복리의 힘을 이용한 결과이다.

거꾸로 말해서 재현성을 확실히 익혀 재투자를 반복하면 자산을 2배, 4배, 8배로 크게 불려 나갈 수 있다.

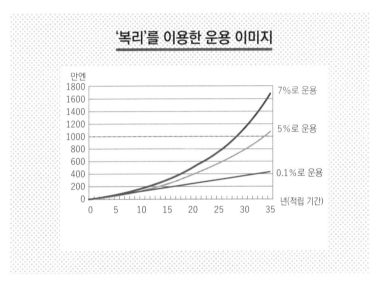

'복리'를 이용한 운용 이미지

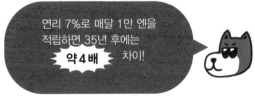

## Check Point

억만장자가 되고 싶다면 이익은 모두 다음 투자에 충당한다.

대박 투자자가 되기 위한 조건 ②

# 주식시장에서 오래도록 끈질기게 살아남는다

투자는 첫째도 공부, 둘째도 공부

대박 투자자가 되려면 한 가지 더 지켜야 할 것이 있다.

가능한 한 오래 계속해서 투자해야 한다. 그러다 보면 다른 투자자보다 많은 경험을 쌓을 수 있다.

당연한 말이지만 그래야 장기적으로 봤을 때 압도적인 차이가 되어 자신에게 되돌아온다.

주식투자에서 실패나 손실은 절대로 피해 갈 수가 없다. 나 역시 여전히 많은 실패와 손절매(loss cut)를 하고 있다.

하지만 실패할 때마다 그 원인을 분석하여 똑같은 실패가 재현되지 않도록 엔트리 포인트(투자할 타이밍)를 재검토하거나 제7장에서 소개하는 '실패 메모'의 내용을 재확인하여 개선해 나가다 보면 투자도 점점 능숙해진다. 이처럼 지속적인 투자를 통해 경험을 쌓는 것이야말로 대박 투자자 대열에 합류하는 첫걸음이다.

## 타인의 성공이나 실패에 자신을 대입하여 생각해 본다

또한, 경험 축적 이외에 타인의 성공이나 실패에 대해서 배우는 것도 중요하다.

그러려면 후반부에서도 거듭 말하겠지만 주식투자에 관한 책을 읽는 것이 도움이 된다. 남이 써 놓은 성공과 실패를 자신의 경험에 대입하여 시뮬레이션하다 보면 실력이 빠르게 향상될 수 있다.

이때 중요한 것이,

**타인의 실패 ➡ 자신의 경험에 적용**

이라는 공식이다.

나는 주식투자자로 활동하면서 동시에 뇌과학을 활용한 속독과 기억에 관한 책도 많이 썼다.

그런 나도 경험한 적이 있는데, 책을 그저 위에서 아래로 글자를 따라 훑기만 해서는 내용이 기억에 남지 않아 막상 나중에 필요하게 되었을 때 유용하게 써먹지를 못한다. 여기서 꿀팁 하나를 알려드리자면, 책을 읽을 때는 '현재 자신이 맞닥뜨리고 있는 경험이나 실패에 대입하면서 읽으면' 효과적이다.

그러면 모호했던 저자의 말이 "만약 내가 한 투자였다면……" 이라는 생각으로 전환되기 때문에 "이 타이밍에서 리스크를 회피할 수 있겠구나!" 또는 "이 주식을 샀더라면 좋았을 텐데!" 하는 식으로 머릿속에 그림이 그려지면서 당장에 실천이 가능한 지식으로서 뇌에 입력된다.

이를 가리켜 나는 '기억의 재현지(再現知)'라고 부르고 있다.

## 투자책을 읽을 때는 이렇게

△ 아무런 생각이 없는 사람　◎ 자신의 상황에 대입시켜
　　　　　　　　　　　　　　　생각해 보려는 사람

또, 자기 주변에 있었던 일화에 대입하여 생각하면서 읽다 보면

'에피소드 기억(episodic memory: 일반적인 개념에 의한 기억이 아닌, 경험에 관한 기억. 전자가 날짜나 장소와 관계없는 정보인 데 반해 후자는 특정한 날짜나 장소와 관계된 정보의 기억)'으로서 머릿속에 남기 쉽다.

보통은 '책을 읽으면 머릿속에 기억으로 남긴다'는 것을 의외로 간과하기 쉬운데, 투자에서는 매우 중요한 문제다.

메모장이나 노트에 적어 놓은 것을 옆에 두고 그것을 읽으면서 트레이딩을 한다는 것은 현실적으로 불가능하다. 때에 따라서는 초를 다투는 판단이 요구되는 상황에서 필요한 정보가 머릿속에 남아 있지 않다면 그 정보는 당신의 투자에 아무런 도움도 못 되는 것이라고 할 수 있다.


물론 이 책도 마찬가지다. 또한, 투자에 도움 되는 책을 읽는 방법에 대해서는 나의 저서 『부자들의 초격차 독서법(쌤앤파커스 번역 출간)』에서도 자세히 다루고 있으므로, 관심이 있는 분은 꼭 한번 읽어 보시길 바란다.

 **Check Point**

타인의 성공 체험, 실패 체험은 더할 나위 없이 좋은 교재다. 간접 체험을 통해 기억에 저장하여 미래의 양식으로 삼는다.

# POINT 08

## 항상 군중심리의 반대로 행동한다

### 시장의 왜곡을 간과하지 마라

마지막으로 하나 더 대박 투자자가 되는 데 필요한 요소를 소개할까 한다. 그것은 나 또한 최대한으로 이용하고 있는 투자 전략으로, 제1장에서 잠깐 언급했던 '시장의 왜곡'에 관해서이다.

주식투자의 세계에서 살아남기 위해서는 다른 투자자가 아직 관심을 보이지 않는 주식을 먼저 매수하거나 다른 투자자보다 먼저 고가에 매도해야 한다.

바꿔 말하면 당신이 주식을 고가에 매도하고자 하는 경우 당신의 주식을 더욱 높은 가격에 사고자 하는 사람이 많아져야 한다.

당신이 주식투자로 돈을 벌기 위해서는 '군중심리의 반대'로 행동함으로써 전쟁터 같은 그곳에서 살아남아야 한다. 그 점을 확실히 인식한 상태에서 주식투자에 도전하자.

## 왜곡 해소 시의 고배당 종목을 매수한다

앞에서 언급한 '시장의 왜곡'을 알고, 멘탈 관리와 자금 관리를 철저히 하면서 쌀 때 줍는 안정적인 기술로 주식을 매수해 나가다 보면 주식시장을 이기는 것은 그다지 어렵지 않다.

몇 가지 사례를 소개해 보기로 하자.

예를 들어 필요 이상으로 하락한 종목을 매수한다고 했을 때, 종목이 적정하게 평가되어 주가가 반등하면 그에 따른 이익을 얻을 수 있다. 물론 그동안 배당금도 받을 수 있다.

그래서 나는 시장에 왜곡이 발생했을 때는 미리 선정해 둔 고배당 종목에 분산 투자를 한다. 그러면 그 후 한동안은 큰 배당 수익을 챙길 수 있다.

이를 가리켜 나는 '고배당주 얼렁뚱땅 분산 투자법'이라고 부른다.

시장 왜곡으로 인해 크게 낮아진 고배당주를, 여러 종목으로 분산하여 자금을 넣어두고 수년간 배당수익률을 확보하는 투자법이다.

커다란 왜곡이 발생하면 실적이 나쁘지 않은 고배당주라도 믿을 수 없을 만큼 가격이 낮아지는 일이 있다. 그런 상황에서 앞으로도

⑴ 증익 추세가 이어질 듯하고, ⑵ 이익에서 건전한 고배당이 지속되고, ⑶ 또한, 왜곡이 해소되면 주가가 원래대로 되돌아갈 것으로 예상되는 종목만을 골라서 분산 투자한다.

이처럼 시장의 평가와 진짜 주가의 왜곡을 찾아내어 그것이 해소되는 과정에서 매매를 반복할 수 있으면 비교적 안정적으로 이기는 투자자가 될 수 있다. 이 책 후반부에서는 그 방법의 힌트도 차트를 이용해 자세히 소개하기로 하겠다.

기대해 주시기 바란다!

 **Check Point**

투자에서 중요한 것은 군중심리를 읽어내는 것이다. 그리고 시장의 왜곡을 캐치했다면 과감하게 승부에 나서자.

## 제3장

# 주식시장을 이기는 투자의 신 - 공통점

아무리 바빠도 '이 세 가지'만은 반드시 지키자!

## POINT 09

# '싸게 사서 비싸게 판다'를 철저히 실천한다

주식시장을 이기는 투자자들이 중요하게 여기는 단 한 가지

이번 장에서는 더욱 구체적으로 재현성 있는 투자법, 다시 말해 이기는 투자자에게 공통하는 실천 방법을 설명해 보겠다.

주식시장을 이기는 투자자는 매일 유사한 패턴으로 매매한다.

구체적으로는 되도록 지난번과 같은 방법과 타이밍에 큰 수익을 내려고 한다.

특별한 무엇을 하는 것은 아니다. 누구나 습득할 수 있는, 아주 작은 차이로 엄청난 이익을 얻고 있다. 그런데 이 근소한 차이는 돈이나 욕심이 개입되면 커다란 차이가 되어 나타난다.

그렇다면 여기서 소소한 질문 하나.

당신은 근소한 차이로 늘 이기는 '주식투자의 달인'에 대해서 어떤 이미지를 가지고 있는가?

어려운 재무제표를 쉽게 해독하는 사람.

여러 나라의 환율 변동이나 경제 동향을 모두 파악하고 있는 사람.

아니면 매일매일의 주가 변동에 민감하게 반응하며, 여러 개의 모니터 화면을 주시하면서 로봇처럼 침착하게 주식 거래를 하는 사람.

모두 잡지나 TV에 나올 법한 이상적인 투자자이다. 나도 주식 투자를 처음 시작했을 당시에는 어려운 재무제표에 정통하고, 아무도 모를 것 같은 종목에 대해서도 잘 아는 투자자만이 시장을 이길 수 있으리라고 생각했다.

물론 그들 중에는 승률이 높은 투자자도 있다.

한편, 내가 생각하는 주식투자의 달인은 매우 단순하다.

"쌀 때 사서 비쌀 때 판다."

"고점에서 팔았다면 불어난 자금으로 저점에서 다시 매수한다."

단지 이뿐이다(공매도의 경우에는 반대).

"고작 그거라고? 이기는 투자자에 대해 내가 가지고 있는 이미지는 그런 게 아니라고!"라는 독자 여러분의 목소리가 들리는 것만 같다.

그런데 과연 그럴까? 회계 지식이 풍부한 사람이라도 주식에서 이기기 위한 규칙은 단 하나 '싸게 사서 비싸게 판다'이다.

세계 경제에 정통한 금융 전문가라도 고점에 사서 저점에 판다면 주식에서 이기기는 어렵다.

거꾸로 말하면 회계나 경제에 대해서 다소 밝지 않더라도 '저점에 사서 고점에 파는' 것만 잘한다면 주식투자로 돈을 벌 수 있다는 얘기다.

내가 생각하는 주식투자의 달인은 이를 끊임없이 되풀이하면서 정확하게 재현할 수 있는 투자자이다.

## 전문 트레이더의 절반은 아마추어일지도 모른다

마찬가지로 여러분은 모니터를 여러 대 나란히 놓고 온종일 트레이딩 하는 사람을 수완이 뛰어난 투자자라고 생각하는 경향이 있다. 하지만 이 역시 실제로는 알 수가 없다.

아마도 TV의 영향이 큰 것 같다. 주식 초보자에게 투자를 권유하는 주식 카페나 웹사이트도 데이 트레이더라는 이미지가 우선되기 때문에 주식에 관해서 설명하는 강사 뒤에는 으레 여러 대의 모니터가 놓여 있다. 나는 이것을 완전한 이미지 조작이라고 생각한다.

주식 전문가는 여러 대의 모니터를 동시에 사용한다는 선입견이 있어서 유료회원을 모집하는 추천 사이트의 메인 화면도 비슷비슷한 이미지로 통일되어 있다.

하지만 분명히 말하건대 모니터 대수와 주식투자를 잘하고 못하고는 전혀 비례하지 않는다.

아마도 모니터가 여러 대인 사람은 많은 종목의 정보를 한꺼번에 수집하고자 하는 사람이거나 혹은 약간의 차익을 노리는 전업 데이 트레이더와 같은 부류의 투자자가 아닐까.

반면 모니터가 많아도 저점에 사서 고점에 파는 것을 반복하지 못하는 투자자는 주식의 승률을 절대로 높이지 못한다. 이런 경우 그 투자자에게 모니터의 수는 방해만 될 뿐이다.

만일 그런 사람이 내게 조언을 구한다면 먼저 이렇게 말할 것이다.

"능숙해지기 전에는 집중할 수 있도록 모니터 대수를 줄이세요."
"하나밖에 할 줄 모르는데, 많은 것을 하려는 것은 어리석어요."

참고로 나는 모니터를 한 대만 사용한다. 그래도 한 달에 적게는 수백만 엔의 수익을 챙기고 있다. 그 이유는 무엇일까? 이 책을 읽고 있는 독자 여러분이라면 이미 눈치챘을 텐데, 바로 '저점에 사서 고점에 판다'는 재현성에 능숙하기 때문이다.

## 주식시장을 이기려고 어려운 기술을 배울 필요는 없다

주식시장을 이기기 위한 기술, 기법은 이처럼 매우 단순하다.

나는 26년의 투자 경력을 갖고 있지만, 나보다 더 오랜 경력에 이미 50년 가까이 이 길을 걸어온 주식 도사들도 투자의 세계에는 차고 넘친다. 주식의 안갯속에서 살아가고 있는 것이나 다름없는 사람들이다. 그동안 구축한 자산이 20억 엔이 넘기도 한다.

이런 베테랑 투자자의 이기는 방법도 매우 단순하다. 즉, '싸게 사서 비싸게 판다'를 반복하는 것이다.

물론 투자의 베테랑쯤 되면 공매도 기술을 병용하거나 '대주(대차) 거래' 또는 '차익 거래'와 같은 특별한 기법을 좋아하는 사람도 있다.

그렇다고 해서 이 책의 독자 여러분이 내일부터 당장 '대주(대차) 거래'나 '차익 거래'를 구사할 필요는 없으며, 기억하지 않아도 괜찮다(신경 쓰이는 사람은 검색해 보자).

이러한 기법을 사용하려고 해도 그보다 먼저 대전제로서 종목을 싸게 사지 못했다면 기회는 없다. 그리고 반복하여 싸게 사지 못했다면 '보유 주식의 주가 하락이 예상되는 국면에서 현물 주식을 매각하지 않고 신용거래로 공매도'하는 방법이나 '차익 거래' 기법을 익혀 봤자 절대로 주식에서 이기지는 못한다.

오히려 확실하게 '저점 매수, 고점 매도'가 가능하다면 어려운 기술을 일절 필요로 하지 않는 것이 재현성을 이용해 이기는 투자 기술이다.

 **Check Point**

투자를 잘하는 이미지에 속지 말고, 먼저 '저점 매수, 고점 매도'를 우직하게 계속해 나가자.

# 엄청나게 바쁜 여성 경영자의 놀라운 투자 방법

지인 중에 아버지의 유산을 상속받은 후 주식투자를 시작한 여성이 있다. 그녀는 취미가 많아 늘 바쁜 나날을 보내면서도 미용실을 운영하느라 주식투자에 시간을 거의 쏟지 못한다.

그런데도 닌텐도 주식 등에 투자하여 1억 엔이 넘는 자산을 가지고 있다고 하니 놀라지 않을 수 없다.

도대체 어디서 그런 필살기를 손에 넣었을까?

누구나 궁금해할 만하다. 나 역시 궁금했다.

그래서 어느 날 얼마나 대단한 기술을 알고 있는지 슬쩍 물어보기로 했다.

그녀의 대답은 어떤 의미에서는 예상했던 대로였다.

"사실 내가 여러 가지로 좀 바빠서 주식 같은 거 할 시간이 없어요. 그래서 1년에 한 번 있을까 말까 한 급락 시에만 주식을 산답니다."

그녀는 주식투자보다는 자기 삶의 보람이자 취미이기도 한 미용실을 운영하는 것이 훨씬 즐겁다고 했다. 그래서 1년에 한 번 주식시장 전체가 흔들릴 때만 유산으로 받은 자금을 사용해 주식을 산다고 한다.

요컨대 그녀는 그만한 경험도 고도의 스킬도 없었지만, '싸게 사서 비싸게 판다'를 반복할 뿐이었으므로 큰 실수 없이 막대한 이익을 손에 넣을 수 있었다.

여기까지 듣고 "고작 그뿐이냐?"라고 생각하는 독자도 있을 텐데, 여러분 자신의 가슴에 손을 얹고 생각해 보자.

당신은 과연 어떻게든 빨리 돈을 벌고 싶다는 초조감과 욕심을 이겨내고 '싸게 사서 비싸게 파는' 일을 반복할 수 있다고 자신할 수 있는가?

너무나 당연하여 대수롭지 않은 일처럼 느껴지겠지만, 주식투자에서 이기기 위한 가장 중요한 방정식이다. 계속 이기는 투자자는 이처럼 누구에게나 가능한 단순한 일을 수도 없이 정신이 아찔해질 만큼 반복하여 이익을 얻고 있다는 얘기다.

POINT
10

# 레버리지형 투자신탁이나 신용거래에 손대지 않는다

주식 초짜가 빠지는 함정은 대체로 정해져 있다

이기지 못하는 투자자에게는 반드시 경향이 있다. 그 경향을 알면 대책을 세울 수가 있다. 지금부터 소개하는 몇 가지 공통점은 중요한 내용이므로 꼭 알아두자.

예를 들면 이제 막 주식을 시작한 투자 초짜가 트위터 등 SNS에 올라온 글에 자극을 받아 레버리지(leverage: 타인의 자본을 지렛대처럼 이용하여 자기 자본의 이익률을 높이는 것) 형 투자신탁이나 신용거래에 손을 댄다는 얘기는 흔히들 들어 봤을 것이다. 물론 그렇게 해서 좋은 결과를 얻는다면야 상관이 없지만, 아무 경험 없는 상태에서 규모가 큰 레버리지나 신용거래에 손을 대는 것은 위험천만한 일이 아닐 수 없다.

다음은 내가 세미나에서 자주 하는 말이다.

"초보자일 땐 주가 정보를 보는 일이 그저 즐겁기만 했던 투자자가 석 달쯤 지나면서부터는 움직임이 전혀 없는 차트에 분노하고, 반년쯤 지나 인터넷상에서 '주식으로 돈을 벌었다'는 기사를 접하기라도 하면 불안한 마음을 갖게 되며, 그러다 1년이 되면 주가 변동이 전혀 없는 날조차 고통을 느끼기 시작한다."

나 역시 여러분과 마찬가지로 수많은 실패를 거듭하면서 지금에 이르렀다.

안이한 생각으로 신용거래에 손댔던 시기도 있었고, 보유했던 종목의 회사가 망하면서 며칠 사이에 수백만 엔을 날리기도 해 봤다.

주식에 계속 이기려면 먼저 기본을 잘 지켜야 한다. 자기 자신을 다스리고 욕심을 조절하면서 철저하게 자금을 관리하는 수밖에 방법이 없다.

그런데 많은 투자자가 그것을 못 한다. 더 정확하게는 하고 싶어도 점점 못하게 된다.

급등하는 주가에 흥분해서 일확천금을 노리며 주식투자에 빠져든다. 마치 도박 같은 비일상적인 주가의 매력에 자꾸만 끌려들어가는 것이다.

이러한 투자자들은 좀처럼 수익을 내지 못하는데, 그 이유에 대한 해답이나 개선 방법은 이 책을 읽어나가는 동안에 분명히 이해할 수 있으리라 생각한다.

 **Check Point**

SNS 등을 통해 흔히 접하게 되는 달콤한 정보에는 귀 기울이지 않
는다. 먼저 기본에 충실하면서 투자하자.

계속 이기는 투자자의 공통점 ③

# 자신의 실패를 분석할 수 있다

자신의 실패는 스스로 깨닫고 스스로 개선한다

주식시장을 이기려면 무엇보다 중요한 '재현성'을 추구해야 한다는 단순한 사실을 깨닫게 되면서 나의 승률은 크게 상승했다.

그뿐만이 아니라, 나중에 돌이켜 봤을 때 어디서 걸려 넘어졌는지, 뭐가 잘못이었는지, 그 원인을 찾는 것도 쉬워졌다.

그 이유는 뭘까? 이에 대한 해답도 승리의 재현성에 있다.

그렇다면 먼저 해답을 찾아보기 전에 예시를 조금만 더 들어 보기로 하자.

프로야구 선수에게는 각자의 개성이 담겨 있는 투구폼이나 타격폼이 존재한다.

그런데 프로선수로 한창 활약하는 중에도 갑자기 타격력이 떨어

지거나 투구 자세가 망가지는 경우가 적지 않다.

그렇게 되는 이유로는 시즌 때마다 교체되어 들어오는 코치들이 선수를 지도하는 방법이나 조언이 다르기 때문이라는 얘기가 있다.

코치의 조언은 당연히 선수를 위함이고, 선수 역시 프로의 세계에서 살아남기 위해서는 진지해질 수밖에 없으므로 온갖 조언과 충고를 받아들이는데, 그러다가 폼이 망가지면서 본래의 장점을 잃어버리는 것이다.

이러한 원인의 하나는 여러 가지 조언을 듣다 보니 동작이나 자세가 복잡해지면서 언제부터 어느 부분이 나빠지기 시작했는지 본인도 잘 모르기 때문이 아닐까 싶다. 스스로 되돌아봐도 원인을 모르면 개선이나 수정을 하래야 할 수가 없다. 그러므로 나중에 돌이켜 봤을 때 자신의 기술이나 방법을 바로 세우기 위해서라도 기본적인 폼은 단순한 편이 좋다.


주식투자의 세계도 위와 마찬가지다.

재현성 있는 방법으로 매매하다 보면, 자신의 실수나 욕심을 조절하지 못하고 어디서 실수나 잘못된 거래를 했는지 바로 알 수 있다.

몇 번이고 해봤던 방법이기에 지금까지와는 다른 '약간의 오차나 차이'를 깨달을 수 있다.

또한, 실패 원인을 자기 자신에게 말로 설명할 수 있게 된다.

이처럼 자신의 말로 언어화할 수 있는 능력이야말로 재현성을 위해 필요한 것이다.

## '알고 있다'와 '이해할 수 있다'는 다르다

나는 두 개 회사를 운영하고 있다. 요즘 세상에 보기 드물게도 부하 직원에게 꽤 엄격하게 구는 편으로, 어떤 문제가 발생하면 반드시 직원들에게 다음과 같이 묻는다.

"왜 실패했는지 말로 설명해 줄 수 있겠나?"

물론 해당 직원의 상사로부터 이미 보고받은 상황이고, 20년 가까이 회사를 운영하고 있으므로 실패의 원인을 어느 정도는 짐작할 수 있다. 그러함에도 상대방에게 설명을 요구하는 이유는 본인이 저지른 실수를 스스로 제대로 이해하고 있는지 확인하기 위해서다.

우리 인간의 '뇌의 중추신경'이 인식하는 '안다'와 '이해한다'에는 큰 차이가 있다.

'실패했다'라는 사실은 알아도 왜 실패했는지를 이해하지 못하면 재발을 예방할 수 없다.

문제가 발생했음에도 스스로 원인을 밝히려고 하지 않거나 이해하려고 하지 않는 사람은 그 문제를 말로 설명하지 못한다.

그러면서 "지시하신 내용을 메모해 두지 않았던 탓인 것 같습니다."라거나 "앞으로는 보고, 연락, 상담을 철저히 하겠습니다."라며 어물쩍 넘어가려고 한다.

이런 식이라면 같은 실패를 방지할 수 없다. 시간이 지나면 똑같은 문제가 또 발생하게 된다.

한편, 실패의 원인을 스스로 이해하고 있는 부하 직원은 다르다.

그렇기에 "우리 쪽 제안에 대해서 마지막으로 질문이 있는지만 확인하고, 예산 면에서 불만이 있는지까지는 미처 확인하지 못했습니다. 처음부터 예산을 전제로 한 제안이었기에 경쟁사와 비교해서 가격이 어떤지를 파악하지 못해 생긴 불찰입니다. 반성하고 있습니다." 하고 실수나 실패의 구조를 매우 자세하게 말로 설명할 수 있다.

그리고 이처럼 언어화하는 힘이 있으면 "상대방과 논의한 후에 예산에 대한 불안감을 해소할 수 있도록 절충안을 메일로 보내겠습니다." 또는 "상황을 보고 경쟁사의 예산 규모를 확인할 생각입니다."라는 식으로 대책을 마련할 수 있게 된다.

이런 직원이라면 앞서 연락, 보고, 상담을 소홀히 했다던 부하 직원과 달리 그 후의 성장은 물론이고 비즈니스 교섭의 성공 재현성도 크게 달라지지 않을까.

## 말로 할 수 있으므로 실수의 재발을 방지할 수 있다

친숙한 사례를 들면서 이렇게까지 자세히 설명하는 이유는 '자신의 실수를 머릿속에서 재현하여 말로 표현할 수 있는 능력'이 주식시장을 이기기 위해서는 매우 중요하기 때문이다.

이것을 나는 '재현의 언어화' 능력이라고 부르고 있다. 말로 할 수 있으니 실수의 원인도 알 수 있고 재발 방지 대책도 마련할 수 있다.

반대로 말로 설명하지 못한다는 것은 실수를 유발하는 구조와 실수가 일어나기까지의 과정을 밝혀내지 못했다는 증거이다.

"왜, 주가가 하락하는 것을 못 기다리고 사 버렸을까?"
"왜, 규칙에 따라 손절하지 못했을까?"
"왜, 인터넷 정보를 그대로 믿고 그 종목을 매수했을까?"

위와 같은 실수를 하는 것은 투자자라면 어쩔 수 없는 일이다. 하지만 그 뒤에 이어지는 말 한마디로 그 후 당신의 성적이 크게 달라진다. 활황 장세의 승부가 아니라, 전부 평소의 소규모 트레이딩으로 결정되어 버리는 것이다.

당신이라면 그다음에 이어져야 할 대책을 전부 말로 표현할 수 있는가(걱정은 금물! 지금 당장은 어렵더라도 이 책을 읽고 난 후에는 반드시 가능하게 되어 있을 테니까)?

성공이나 실패를 자신의 말로 언어화할 수 있게 되면 상당한 정확도로 승리를 재현할 수 있다.

　중요한 내용이므로 거듭 강조한다.

　'재현성'을 확보하기만 해도 당신의 투자법은 180도 달라진다.

계속 이기는 투자자와 당신의 차이는 고작 그것뿐이니 말이다.

 **Check Point**

　누구에게나 실패는 있는 법. 실수가 있었다면 '뭘 잘못했는지?'를
언어화하여 자기 자신에게 설명할 수 있도록 하는 것이 중요하다.

## 제4장

# 초보자~중급자 필독!

투자 전문가들이 실천하는 '습관화 방법&학습 방법'

POINT
12

# 쉬는 것도 투자, 개인투자자이니 더 더욱 시합을 유리하게 끌고 가자

어려운 기술은 필요 없다. 만사 '기본이 90%'

재현성 있는 주식투자에 대한 본론으로 들어가기 전에 몇 가지 습관화가 필요하다. 바로 사고방식과 학습 방법인데, 이것이 몸에 배지 않으면 예상치 못한 사태에 대응하기가 어렵다. 매우 간단한 내용이므로 부담 없이 읽어나갔으면 한다.

## 주식투자에 필살기는 필요 없다

내가 필생의 업으로 삼고 있는 유튜브 방송에서 주식 얘기를 하다 보면 종종 시청자들이 질문을 해온다. 개중에는 내가 쓰지 않는 어려운 기술을 열심히 배우고 있는 사람이 있는데, 그 방대한 지식에 놀라곤 한다.

그런데 무술이나 스포츠에서도 그렇듯이 갑자기 유단자 흉내를

낸다고 해서 기술이 향상되는 것은 아니다.

나는 운동이 취미라서 가라테(일본 무술)를 시작으로 수영, 복싱 등 여러 가지 스포츠를 즐기고 있다. 그중에서도 복싱은 기초의 반복을 중시하는 스포츠다.

본격적인 복싱 체육관의 훈련에서는 어퍼컷이나 훅과 같은 고도의 기술은 기초의 응용이기 때문에 일정 단계까지 진행되지 않으면 좀처럼 훈련 매뉴얼에 넣어 주지 않는다.

여기서 기초는 스텝과 잽, 스트레이트, 몸 틀기 등의 동작을 말한다. 이런 기초 동작을 매번 반복하면서 지쳐 쓰러질 정도로 연습해야 한다. 그렇게 해서 상대방의 움직임과 펀치에 반응하여 잽과 원투 스트레이트를 날리며 무의식적으로 몸을 숙이고 피할 수 있을 정도로 실력이 붙어야 비로소 어퍼컷이나 훅과 같은 동작을 배우게 된다.

이는 트레이너가 괜한 심술을 부리는 게 아니라, 그럴만한 명확한 이유가 있다.

애초에 어퍼컷이나 훅은 상대방 품에 파고들면서 한방에 타격을 가하는 기술이다 보니 서로의 간격을 좁혀야 한다. 상대방과의 거리가 가깝다는 얘기는 그렇게 되기까지 수없이 잽을 주고받다가 몸을 숙여 상대방의 공격을 피해야 한다는 뜻이다. 다시 말해 상당한 위험이 따른다는 말이다.

요컨대 시합에서 이기려면 기본적으로는 잽과 스트레이트가

90%를 차지한다. 전문가라도 위험도가 높은 아슬아슬한 기술은 서로의 간격을 좁힌 상황에서만 사용한다.

자칫 작은 실수라도 했다가는 카운터펀치를 한 방 제대로 맞아 게임에서 질 수도 있다.


결국 내가 하고 싶은 말은 주식에서 이기고 싶다면 '승리의 용이성을 지향하면 될 뿐, 낯설고 어려운 기술을 굳이 쓰지 않아도 된다'는 얘기다.

매수 타이밍도 마찬가지다.

극단적으로 말해서 지금 시점에서 이기기 어렵겠다 싶을 때는 투자를 잠시 쉬어도 좋다.

완전히 멈추라는 의미가 아니라, 주식시장의 동향을 살피면서 한 발짝 뒤로 물러나 관망하듯 거리를 두라는 뜻이다.


## 잠시 멈춤으로써 유리해지기도 한다

주식시장에는 "쉬는 것도 투자다."라는 격언이 있다.

예를 들어 이익 확정 국면에서는 먼저 '자신의 투자 시나리오에 따른 목표 가격에 파는 것'을 반복한다.

내 경우에는 먼저 주가 두 배 상승을 목표로 설정하고 종목을 매수한다.

바꿔 말하면 '두 배가 될 기대치가 있는 주식'만을 엄선하여 매수하고 있다.

두 배로 상승하면 충분한 수익이 생기는 경우가 많으므로 서둘러 이익을 확정한다. 경험상 그 후 레인지 장세*에 돌입하여 주가가 하락하는 사례가 많았던 것 같기 때문이다.

그러므로 과욕을 부리기보다 일단 이익을 확정하고, 가격이 내려갔을 때 다시 매수하기를 반복하면서 매매 회전율을 높여 간다면 많은 이익을 가져올 수 있다.

## 쉬는 것도 투자

---

\* 레인지 장세: 일정한 폭으로 가격이 오르락내리락하는 것을 말함

오히려 코스피나 코스닥의 지수 평균이 크게 상승한 국면이나 별로 움직이지 않는 조정 국면 등과 같이 '전반적인 장세 분위기'가 나쁠 때가 어렵다.

이럴 때는 성장 가능성 있는 종목을 찾기가 쉽지 않다.

그런 경우도 '이만큼 이익이 오르면 판다'는 식으로 사전에 시나리오를 짜놓자. 무턱대고 매매만 하다가는 나중에라도 자신의 투자 시나리오를 수정하거나 개선하는 것이 어려워진다.

그리고 좀처럼 좋은 종목을 찾을 수 없을 때는 앞서 소개한 '쉰다'라는 선택지가 우리 개인투자자에게는 주어져 있음을 떠올리자.

개인투자자라고 항상 매수 출동을 해야 하는 것은 아니다. 상황에 따라 적절하게 휴식을 선택하면 오히려 유리하게 싸울 수 있는 경우가 많다고 나는 생각한다.

매도(공매도를 말함)와 매수가 모두 가능한, 경험 풍부한 베테랑 투자자라면 얘기는 다르지만, 대개의 개인투자자는 쉴수록 투자 승률이 높아진다.

이처럼 우선은 이기기 쉬운 타이밍, 이기기 쉬운 트레이딩 기법을 이용해 반복적으로 승리를 '재현'하면서 경험을 쌓아 나간다. 자신이 이기기 쉬운 타이밍에 매매를 계속하다 보면 투자 실력은 반드시 오르기 마련이다.

주식투자의 세계에 숨은 비법 따위는 없다.

 **Check Point**

자신의 승리 패턴을 확립한다. 승리 패턴이 들어맞지 않을 때, 전반적인 장세 분위기가 나쁠 때는 과감히 쉬는 것도 한 방법이다.

# POINT 13

## 초보자는 묵묵히 '소액에서부터 시작'하자

주식투자는 처음이 중요!

주식투자를 할 때는 자신이 과거에 수익을 올렸던 타이밍, 기대 치가 높은 주가 변동이나 위치에서 진입한다. 이때 최소 수량으로 시작해 보는 것이 중요하다.

최악의 패턴은 기대치나 재현성의 중요성을 실감하지 못하는 초 보자가 시작부터 많은 돈을 투자했다가 실패하여 끝내 이유도 모 른 채 상처만 남기는 경우다. 이런 경우가 가장 안타깝다.

주식 초보자는 앞으로 어떻게 얼마나 변화할지 모르는 존재 이다. 그렇기에 더더욱 신중해야 한다. 설령 주식투자에 상당한 재 능이 있다고 해도 누구나 시작은 레벨 1단계로 기본을 모른다고 볼 수 있다.

승부의 규칙도 모르는 상태에서 자금 관리의 중요성도 배우지 못한 채 커다란 이익을 좇다가 '스릴'과 '리스크'를 겪게 되는 패턴을 종종 보게 되는데, 어떤 투자자도 처음부터 잘하지는 않았을 것이다.

나를 비롯한 세상의 일부 투자자는 첫 번째 무대를 무탈하게 끝내서, 그리고 도중에 포기하지 않아서 대박행 티켓을 거머쥘 수 있었던 것뿐이다. 만약 처음에 크게 실패했더라면 어땠을까 하는 생각을 하면 지금도 등골이 오싹해진다.

그런 의미에서 주식투자는 특히 처음이 중요하다.

어떤 스포츠든 하물며 실내에서 하는 다트나 당구마저도 처음에는 누구나 서툴기 마련이다. 초보 투자자도 마찬가지이다. 능숙하지 못한 사람이 순식간에 큰돈을 번다는 것은 모순이다.

또한, '퇴직금이 들어왔으니'라는 이유로 주식을 시작하는 사람도 위험하다.

일반 사회에서는 베테랑일지라도 주식 세계에서는 신입사원인 셈이다. 경험도 부족하면서 단번에 많은 돈을 움직여 자금을 잃는 일만은 피했으면 한다.

수중에 여유 자금이 있더라도 처음에는 '소액으로 시작한다'는 것을 잊지 말자.

## Check Point

그 사람 본인의 경력이나 업무 실적은 관계없다. 주식 초보자는 '신인'
이라는 생각으로 처음부터 배우자.

# POINT 14

## 투자할 때는 각오를 다지고 임하자

이기기 쉬운 타이밍이 오면 망설이지 말고 리스크 ON!

서두에서도 말했듯이 나는 투자 경력만큼이나 오랜 기간 회사를 운영해 왔다. 그럭저럭 20년쯤 된다. 이른바 '무늬만 사장님'이 아니라, 직원을 고용하고 4대 보험에도 가입한 번듯한 사업장을 운영하고 있다. 그래서인지 나는 "주식투자는 회사를 경영하는 것과 같다."라고 자주 이야기한다.

주식투자에서 이기기 위해서는 중요한 개념이므로 꼭 끝까지 기억하도록 하자.

회사경영은 사업을 승계한 경우를 빼고는 자신의 돈을 사용해 사원을 고용하거나 제품을 만들거나 해서 미래에 투자하는 것이다.

미래는 누구도 알 수 없다. 투자한 시점에서 리스크 스위치를 켜놓은 상태가 된다. 그래도 투자하는 이유는 위험을 감수하고서라도 그것을 넘어서는 리턴을 통해 돈을 벌어야겠다는 결단을 내렸기 때문이다.

혹여 실패하더라도 스스로 결정했다는 사실은 바뀌지 않는다.

실패의 잘못을 인정하는 것이 다음 성장으로 이어진다. 실패하면 재고는 빚이 되고, 아무도 자신의 가족을 지켜주지 않는다.

그것을 알기에 경영자는 자기 책임 의식을 누구보다 강하게 가지게 된다. 사업을 성공시키려면 자는 시간을 쪼개면서 공부하고 끊임없는 노력을 통해 성공을 지향해야 한다.

## 이기지 못하는 투자자는 생각이 안이하다

같은 의미로 나는 '투자자는 경영자이며, 투자는 경영전략'이라고 생각한다.

무슨 뜻이냐면 예를 들어 일본이 세계에 자랑하는 도요타의 사장은 자신이 직접 자동차를 조립하지는 않는다. 사장이 직접 몸을 움직이는 것도 아닌데 수억 엔이 넘는 높은 보수를 받는 이유는 뭘까?

불공평하다고 느끼는 사람도 있을 수 있다. 그러나 그가 높은 급여를 받는 데는 '경영자=투자자'라는 공식이 성립하기 때문이다.

어느 정도의 비용을 들여 어떤 차종을 언제까지 생산할 것인지?

어디에 생산 거점 공장을 세울 것인지?

공장에 고용할 직원은 몇 명 정도로 할 것인지?

수소 엔진에 투자를 많이 할 것인지, 아니면 전기자동차에 투자를 많이 할 것인지?

위와 같은 사안에 대해 날마다 고민하고 그때마다 결단을 내린다.

이 결단과 선택의 결과, 도요타의 사장은 투자자로서 그 성과에 비례하는 수익을 가져가는 것이다.

만일 결단과 선택에 실패한다면 내일부터는 자산 제로, 하룻밤 사이에 무일푼이 될 가능성도 있다.

이것이 "투자자는 땀 흘려 일하지도 않는데 어째서 높은 보수와 배당금을 받는가? 불공평하다."라고 하는 일부의 의견에 대한 내 나름의 생각이다.

투자자도 노동하고 있으며, 그 대가를 받는 것에 지나지 않는다.

그런데도 여전히 편견이 강한 이유는 '투자자=불로소득자'라는 생각을 뿌리 깊게 심어 놓은 로버트 기요사키 씨의 베스트셀러 『부자 아빠 가난한 아빠』의 영향이라고 생각한다.

이와 같은 의미에서 개인투자자가 이기지 못하는 이유 중 하나로 주식투자에 대한 사고방식이 안이하다는 것을 들 수 있다.

앞에서도 말했듯이 투자는 회사를 경영하는 것과 마찬가지다. 냉정하게 들릴 수도 있겠지만 '몸 편히 조금만 벌고 싶다'라는 사고방식으로는 투자자로서 지녀야 할 각오도 기술도 좀처럼 향상되지 않는다.

진지하게 주식투자와 마주하고, 진지하게 다시 공부하고자 하는 마음가짐이 필요하다.

 **Check Point**

투자자는 경영자와 같다. 자기 책임 의식을 가지고 결단을 내려야한다.

이기기 위한 습관 ④

POINT
**15**

# 부자는 자신을 위해 돈을 굴린다

## 투자는 악이 아니다

한국과 일본에는 아직도 투자에 대한 오해나 편견이 많은 것 같다. "투자는 불로소득이기 때문에 좋지 않다.", "편하게 돈을 벌다니 괘씸하다. 세율을 더 올려야 한다."라는 발상이 여전히 뿌리 깊게 남아 있다.

그래서 연금과 의료비 모두 위기 상황임에도 일본에서는 투자 시장에 돈이 돌지 않는다.

한편 일본 국민의 돈을 맡아 운용하는 일본연금기구는 세계 시장에 투자하여 연간 수십조라는 수익을 창출하고 있다(2020년 12월 현재의 데이터 참조).

즉 우리가 투자를 이유 없이 꺼린다고 해도 미래에 받을 예정인 연금은 세계를 상대로 싸우며 투자를 계속하고 있다는 얘기다.

## 부유층이 반드시 실천하는 '절대 규칙'

물론 앞서 말한 대로 투자로 얻는 이익은 '노동과 학습의 대가'라고 할 수 있다. 당신이 나와 같은 부업 트레이더라면 쉬는 날이나 틈이 나는 시간에 노력을 기울여 트레이딩을 해야 한다.

우리가 머리와 돈을 쓰며 시간을 쪼개서 노동한 결과의 대가로 시세 차익(capital gain)을 얻고 배당금(income gain)을 받는 것이다.

이것이 자본주의사회의 기본적 구조이며, 그 안에서 살아가는 우리는 이 게임에서 어떻게 유리하게 부를 축적해 갈 수 있을지를 생각할 필요가 있다.

무엇보다 프랑스 혁명이나 메이지 유신이 일어났던 것처럼, 후에 자본주의가 종언을 맞이하여 지폐나 주식이 한순간에 휴지조각이 될 가능성도 충분히 있을 수 있다. 설령 그럴 수 있다고 하더라도 그것을 예측하여 지금을 살아가는 것은 투자로 돈을 버는 것 이상으로 어려운 일이다.

여러 의미에서 돈에 대한 세상의 사고방식을 바꾼 『부자 아빠 가난한 아빠』의 저자인 로버트 기요사키 씨는 이렇게 말했다.

"가난한 자들과 중산층은 돈을 위해 일한다. 부자들은 돈이 그들을 위해 일하게 만든다."

즉, 내 나름 해석하자면 "부자들은 자신도 열심히 일하고, 또 투자를 통해 돈이 일하도록 함으로써 보통 사람들과는 다른 속도로 부를 축적하고 있다."라는 얘기다.

이것은 세계 공통의 부유층으로 가는 황금 루트이며 부자가 되기 위한 철칙이다.

부동산 재벌 도널드 트럼프가 젊은 시절 누구보다 아르바이트를 많이 했다는 이야기는 잘 알려져 있다.

세계 부자 순위에 이름을 올리는 패스트 리테일링(FAST RETAILING)의 야나이 다다시(柳井正) 회장 겸 사장은 시내의 작은 전자제품 소매점으로 사업을 시작했다.

로버트 기요사키 씨는 돈이 없던 시절 투자금을 벌기 위해 아내와 둘이 차 안에서 생활했다고 한다.

부유층은 누구나 이 규칙을 숙지하고 있으며, 이 경우도 역시 '재현성'을 가지고 반복하고 있는 것에 지나지 않는다.

여기서 중요한 것은 "부자는 돈을 쉽게 번다."라는 말을 결코 해서는 안 된다는 사실이다. 진짜 부자는 부를 축적하기 위해 끊임없이 노력하는 사람들이다. 이기기 위한 규칙을 알고 스스로 터득하여 재현할 수 있게 되기까지 누구보다도 노력을 아끼지 않는 사람들이다. 다시 말해 투자라는 카테고리 안에서 열심히 일한 대가로 부를 거머쥔 것이다.

일에서건 투자에서건 간에 돈은 쉽고 편하게 벌 수 있는 것이 아니다.

 **Check Point**

본인 자신도 열심히 일하면서 동시에 돈이 돈을 벌도록 하자.

# POINT 16
# 책을 활용하여 효율적으로 벌자

읽으면 도움이 되는 투자책, 주의가 필요한 투자책

## 책은 투자 효과가 크다

처음에 말했듯이 나는 주식을 시작하면서 바로 100권이 넘는 주식 책과 투자 관련 책을 섭렵했다. 한 대형서점 투자책 코너의 책은 거의 다 읽어봤다고 해도 과언이 아니다.

책값 걱정을 하는 사람이 있을지도 모르겠는데, 1권에 1,500엔이라고 해도 100권이면 고작 15만 엔이다. 절반인 50권이면 7~8만 엔으로 충분하다. 엄선해서 20권 정도만 읽어도 3만 엔 안팎이다.

주식투자로 수백만 엔, 수천만 엔을 벌려고 하면서 이 정도의 금전적인 부담은 솔직히 아무것도 아니다. 앞서 말했듯이 회사 경영자나 오너가 되려거나, 지금부터 주식으로 돈을 벌려고 한다면 당연히 필요한 비용이라고 할 수 있다.

회사를 운영하는 경우 사무실은 물론이고 하다못해 커피 기계조차 공짜인 것은 하나도 없다. 전부 돈을 벌기 위한 필요 경비다.

필요한 비용은 사용하고 그 이상의 이익을 효율적으로 번다. 이러한 사고방식 또한 이기는 투자자만이 가지고 있는 중요한 사고법이다.


또한, 어쩔 수 없는 사정으로 돈을 융통하지 못하는 사람도 있을 수 있다. 만일 돈이 없다면 도서관을 이용하는 방법도 있다. 신간 도서도 요청하면 구매하여 비치하는 편리한 서비스가 있다.

여기서 중요한 것은 자기합리화를 하거나 핑계를 대지 말 것. 핑계만 찾다가는 이기는 투자자가 되지 못한다.

반대로 이 정도로 이기고자 욕심을 낸다면 다른 많은 투자자와 차이가 생긴다.

주식투자에서 이긴다는 것은 다시 말해서 이기지 못하는 타인의 손실을 당신 계좌에 이익으로서 옮기는 일이다.

주식투자는 경영과 다름없고, 시장은 전쟁터와 같다. 얇은 티슈를 한 장 한 장 쌓아 올리는 조그만 노력의 차이가 마침내 승리의 원천으로 바뀌어 간다.

## '투자를 시작했을 때' 주의 깊게 읽자

이제 전투 모드에 돌입한 여러분을 위해, 이쯤에서 투자책 읽는 방법과 관련하여 내가 자금 200만 엔으로 투자를 시작했을 때부터 현재까지 실생활에서 실천해온 독서법을 소개할까 한다. 다른 모든 비즈니스 책에도 적용할 수 있는 방법이므로, 꼭 참고하길 바란다.

먼저 투자나 주식 관련 책을 읽을 때 한 가지 주의할 점은 너무 어려운 기술이나 방법에 빠져들지 말아야 한다는 것이다.

투자자에 따라서 이기는 방법도 트레이딩 방법도 제각각이다. 즉 방법은 100명이면 100가지라고 해도 과장이 아니다.

그러므로 타인과는 성격도 자금력도 다른 당신이 남과 전혀 다른 타이밍에 투자를 시작해 봐야 이긴다는 보장이 없다.

투자책을 읽을 때 특히 주의를 기울여야 하는 부분은 그 저자가 성공했거나 이른바 억대 자금을 운용하는 개인투자자가 되었거나 하기까지의 여정이다.

1억 엔을 벌었다고 해도 투자를 시작한 시기에 따라 투자 방법이나 승리의 용이성은 상당히 달라지니 말이다.

### 고이즈미 버블 (2001년~) 시기에 투자를 시작한 사람의 경우

일본은 거품경제 붕괴 이후 기계주와 은행주를 중심으로 최저가 부근을 맴돌고 있었기 때문에 나처럼 20여 년 전 고이즈미 정권 발족 이전에 주식을 시작한 사람은 용기를 내어 역추세 매매(counter trend)를 추구하는 투자자가 되기만 해도 주식시장을 이겼다. 그 후, 닷컴 버블(1995~2000년 인터넷 관련 사업의 등장으로 미국 등 주식시장이 급격히 상승하다가 폭락한 거품경제 현상-역주)이 붕괴하기까지는 지나치게 상승한 PER(주가수익률)이 판단의 재료가 되었다.

참고로 다음에 소개하는 리먼 사태가 닥치기 전까지 닷컴 버블은 전후 최대의 주가 폭락 사태로 블랙 먼데이(Black Monday, 1987년 10월 19일 월요일에 뉴욕 증권시장에서 일어난 주가 대폭락 사건-역주)의 재래(再來)라고 불리었다.


## 아베노믹스 버블 (2008년~) 시기에 투자를 시작한 사람의 경우

리먼 사태는 2008년에 일어났다.

그 후 발족한 제2차 아베 정권의 아베노믹스 버블에서는 주목받는 종목이나 차트의 흐름을 타는 방법이 크게 바뀌었다.

하지만 '싸게 사서 비싸게 판다'는 승리의 방정식은 변함이 없었다. 달라진 것이라면 신흥 주식이나 마더스(Mothers, Market of the high-growth and emerging stocks: 도쿄 증권거래소가 개설한 신흥 기업을 대상으로 한 증시) 주식이 활기를 띤 일이다.

이때 아베 정권이 내건 IT 시책이나 고용 촉진 정책에 따라 마더스에 상장한 많은 게임 회사와 리쿠르팅 회사가 상한가가 되었다.

게다가 아베노믹스에는 두 번의 상승 국면이 있었는데, 일단 비쌀 때 팔아서 현금 보유량을 늘린 후 다시 가격이 하락했을 때 매수하면 효율적으로 자산을 2회전 할 수 있었다.

그리고 이 상승 국면에서는 '텐배거(ten bagger)'라고 불리는 10배 수익률 주식이 많이 탄생했다. 나의 장세 경험 중 자산이 가장 크게 불어났던 시기이기도 하다.

고이즈미 버블 때 수천만 엔으로 불어난 자산이 아베노믹스의 두 차례에 걸친 상승 장세에서 한 번에 3억 엔 가깝게 불어났다. 당연히 나 말고도 대박 투자자가 많이 탄생했다.

한편으로는 자기 자신을 과신하여 과도한 신용거래를 한 나머지 자금을 단번에 잃어버린 투자자도 속출했다.

## 코로나 쇼크 후의 금융 양적완화 장세 (2020년~)에 투자를 시작한 사람의 경우

코로나 쇼크 이후 시작된 상승 장세는 별칭 '양적완화 금융장세'라고도 불린다. 실업자를 지키기 위해 특히 미국을 중심으로 후한 보조금 제도와 중앙은행에 의한 전후 최대의 통화 공급(자본주입)이 이루어졌다.

대량의 화폐를 찍어내 시장에 공급하기 때문에 주가가 급상승했다.

그중에서도 미국의 상승은 무시무시했는데, 투자자를 육성하고 싫었던 일본의 NISA(Nippon Individual Saving Account의 약자로 소액투자 비과세 제도를 말함) 제도와 맞물려 유례없는 주식 붐을 일으켰다.

미국 주가지수와 연동하는 각종 투자신탁 상품이 출시되었고, 일본의 투자자가 너도나도 적립식 투자를 시작한 것도 이 시기이다. 이로 인해 수십 년 만의 투자 붐이 일면서 많은 젊은 투자자들이 시장에 뛰어들었다.

미국 주식뿐 아니라, 일본 주식도 1만 6천 엔 대를 기록한 후 한동안은 3만 엔을 넘을 정도로 큰 폭의 상승세가 이어졌다. 즉, 이 시기는 미국 주식에 투자하건 일본 주식에 투자하건 '싸게 사서 비싸게 파는' 타이밍을 틀리지만 않으면 누구나 이길 수 있는 장세였다는 얘기다.

한국 역시 이러한 비슷한 흐름을 가지고 있다고 할 수 있다.

이처럼 투자를 시작한 타이밍에 따라 투자자의 기술이나 종목 선택 방법은 완전히 달라진다.

그러므로 각종 책에서 저자가 말하는 기술에 집중한다고 해도 실제로 당신이 그것을 잘 활용하리라는 보장은 없다. 활동 무대가 완전히 다르고, 당신의 자금량이나 기량 또한 다르니 말이다.

## 공통의 법칙성을 '훔치자!'

그렇다고 해서 주식 책을 읽어봐야 소용없다는 얘기는 아니다.

중요한 것은 읽는 방법이다. 여기서도 '재현성'에 주목하면 된다.

내가 주식 책을 읽을 때 중요하게 생각하는 것은 모든 책에 쓰여 있는 공통의 규칙이다. 어느 책에나 쓰여 있는 법칙성을 발견하여 각자의 투자 방법에 도입해 나가면 좋을 것이다.

해외 번역본을 비롯해 20세기 중후반을 살아온 거대 투자자들이 쓴 책이나 데이 트레이더로 활동하는 사람들의 책에 이르기까지 100여 권이 넘는 투자 관련 책을 읽어 오면서 깨달은 점이 있는데, 같은 투자 관련 책이라도 저자마다 성공 체험은 당연히 다르기 마련이나, 책마다 존재하는 몇 가지 법칙성은 왠지 모두 비슷비슷한 경우가 많다는 사실이다.

성공한 모든 투자자가 중요하게 여기는 공통항목만큼은 여러분 각자가 가진 투자자로서의 무대나 자금량을 따지지 않는다. 그 사실을 깨달은 나는 100권이 넘는 주식투자책을 닥치는 대로 읽으면서 각종 책에 공통으로 쓰여 있는 '이기기 위한 규칙'에 밑줄을 치고 실제로 시도하면서 나 자신의 투자 방법에 도입해 나갔다.

100권이 넘는 책에 공통하는 규칙, 그것을 확실하게 재현할 수 있다면 주식에서 이길 수 있으리라 생각했기 때문이다. 예상대로 그 후의 나는 착실히 주식시장을 이겼으며, 더불어 망설임이나 불안감이 크게 줄었다.

여러분도 주식 관련 책을 읽을 때는 개개의 화려한 기법이나 에피소드에만 눈을 돌리지 말고, 모든 책에 공통으로 들어 있는 원리원칙을 배우길 바란다.

이 책에는 내가 26년간 시간과 비용을 들여 모아놓은 공통항목과 규칙, '이기기 위한 원리원칙'이 들어 있으므로, 여러분이 이 책을 읽는다면 이 모든 것을 손에 넣을 수 있다.

그래서 제목을 『이기는 투자자는 이것만 한다』라고 지었다. 지금부터 시작해도 늦지 않았으므로 하나씩 하나씩 꼭 습득해 나갔으면 좋겠다.

## Check Point

수많은 투자책에 공통하는 '이기기 위한 원리원칙'은 불변인 것이 많다. 하나하나 자신의 방법에 도입해 나가자.

주식투자 공부법 ②

# 게임을 하듯 즐기면서 배운다

## 뇌과학적으로 올바른 인풋 기술

지금까지 주식시장을 이기기 위한 습관과 배움의 중요성에 관하여 서술해 봤는데, 힘들기만 하면 당연히 오래 계속하지 못한다. 그러니 열심히 공부하면서도 한편으로는 즐기는 마음이 필요하다.

뇌과학적으로도 뇌가 즐기는 상태일 때 배움의 효과가 더 크다는 것이 증명되었다.

예를 들어

"주식투자를 통해 자신의 인생을 통제하고 있다."

"내가 바로 이 회사의 주인이다."

"주식 보유 회사를 더 늘릴 수 있도록 배운 내용을 다음 투자 때 활용해 보자."

위와 같은 생각을 하면 왠지 가슴이 두근두근 설레지 않는가?

사실 나도 투자를 막 시작했을 때 그랬다. 거리에서 내가 주식을 보유한 회사의 간판을 볼 때마다 "아~, 내가 저 회사의 주인이구나!"라고 생각하면서 즐거워했던 기억이 있다.

어차피 해야 하는 공부라면 두근두근 설레는 마음으로 즐기는 편이 뇌과학적 측면에서도 효율적으로 머릿속에 담을 수 있으며, 긍정적인 마음이 들끓어서 행동을 북돋우어 준다.

다만 그런 외중에도 투자의 실패는 모두 본인의 책임이라고 하는 '자기 책임'에 대한 인식만은 잊지 말아야 한다.

게임과 인생은 다르다. 투자는 경영이라는 사고방식이 있어야 일상에 임하는 자세도 성실해질 것이다.

모든 행동과 결정은 모두 자기 책임이다. 이것이 주식투자에서 이기는 투자자가 되기 위한 최소한의 규칙이다. 반드시 기억하자.

 **Check Point**

주식투자에 관한 공부는 힘들고 때론 어렵다. 그래도 두근거리는 설렘을 잊지 말자.

이기기 위한 습관과 공부법【요약정리】

# 트렌드에 휩쓸리지 말고 영원히 이기자!

도박에서는 노력해야 할 재현성이 보이지 않는다

그럼 이제 이번 장을 정리해 보기로 하겠다.

서두에서도 말했듯이 투자와는 정반대 속성의 것으로 경마나 경정과 같은 도박을 들 수 있다.

솔직히 말해서 도박 의존증에 걸리기 쉬운 유형의 사람은 먼저 자기 자신을 이겨내기 위한 강한 마음, 흥분하지 않고 냉정함을 유지할 수 있는 마인드를 가지지 않으면 주식에서 이기기는 어렵다. 주식투자도 사업이다 보니 맞고 안 맞고가 있다(걱정은 금물! 제7장에서 좋은 방법을 소개한다).

주식시장을 이기는 방법으로 재현성이 있듯이, 주식투자의 실패에도 재현성이 있다.

예를 들어 당신이 친구를 따라 경마장에 가서 초고배당 적중을 노리고 마권을 구매했다고 하자. 소위 말하는 초보자의 행운이 따른 건지 처음 구매한 마권이 놀랍게도 적중했다. 그 모습을 지켜본 친구가 부러워하면서 당신에게 말했다.

"무슨 방법을 썼길래? 내게도 좀 알려줘."라고.

그때 당신은 뭐라고 대답할까? "우연의 일치일 뿐이야. 또 똑같이 당첨되는 재현성은 없어."라고 대답할 수밖에 없을 것이다.

책 첫머리에서 말한 것처럼 마권은 어디까지나 우연이라는 확률의 산물이기 때문이다.

무엇보다 경마꾼이라면 자신에게 익숙한 경마장, 말의 근육 발달 상태, 그날의 날씨 등을 통해 우승마를 어느 정도 점칠 수 있을지도 모르겠다.

하지만 승부에서 계속 이기기 위해 중요한 것은, 일시적인 트렌드가 아니라 계속해서 사용할 수 있는 '재현성'이 있느냐 하는 사실이다.

그런 점에서 도박에는 어떤 재현성도 없다는 얘기가 된다.

## 주식투자에서 이기기 위한 두 가지 철칙

그렇다면 주식투자의 경우는 어떨까?

어쩌면 재현성이 없는 것처럼 생각될지도 모르겠다. 하지만 아니다. '이기기 위한 철칙'을 지키기만 한다면 그게 어떤 종목이

든 주식을 막 시작한 초보자라도 시장을 이기는 재현성을 높이기 쉽다.

앞서 소개한 두 가지 철칙을 떠올려 보자.

### 철칙 ① '싸게 사서 비싸게 판다'

먼저 첫 번째는 '싸게 사서 비싸게 판다'이다.

이미 여러 차례 말했지만, 다시 한번 그 유효성에 대하여 설명해 두고자 한다. 참고로 투자는 투자이다 보니 100%의 성적을 거둘 수는 없겠지만, 재현성 관점에서 이 철칙은 단기보다 장기적으로 보는 편이 좋은 것 같다.

예를 들어 다음에 나타낸 그림은 미국 주식의 대표적 주가지수인 S&P500이다. 코로나 쇼크 이후의 주가 추이를 나타낸 것인데, 보시는 바와 같이 코로나 직후 최저가를 찍었다가 다시 급속하게 주가가 올랐음을 알 수 있다.

마찬가지로 리먼 사태 이후 저가에 일본 주식을 샀더라면, 그 후 아베노믹스 버블의 상승 장세에서 거의 모든 종목이 상승 국면을 맞았으니, 대박이 났을 것이다.

이처럼 모두가 불안한 마음에 주식을 투매하는 타이밍에 용기 있게 매수한다면 중장기적으로 볼수록 '싸게 사서 비싸게 판다'의 재현성 효과를 확인할 수 있다.

## 만일 코로나 쇼크 시에 주식을 샀더라면……

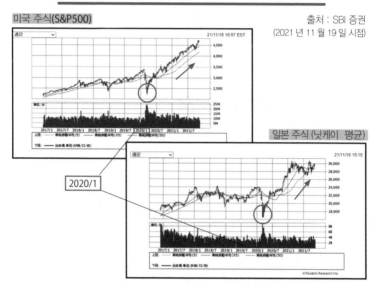

미국 주식(S&P500)

출처 : SBI 증권
(2021 년 11 월 19 일 시점)

일본 주식 (닛케이 평균)

2020/1

종목으로 말하자면 아무도 쳐다보지 않을 때 세상에 없어서는 안 되는 비즈니스를 전개하여 미래에 계속 성장해 나갈 가능성이 큰 기업을 사전에 선정해 두고 저가일 때 신중하게 줍고 또 줍는다.

혹은 주가 폭락으로 인해 모두가 의심병이 생겨 앞다퉈 팔려고 서두를 때 실적이나 재무가 안정적임에도 동조 압력으로 매물이 쏟아지는 종목을 골라 저가에 사 둔다.

이러한 급락이나 폭락 시에 '줍줍' 했다면 이제 시장의 성장에 맞춰 투자자가 돌아오기를 기다렸다가 조금씩 팔아 나가기만 하면 된다.

## 철칙 ② 시장의 왜곡을 이용한다

이미 설명한 바와 같이 시장이나 종목의 가치가 부당하게 취급되는 상태를 가리켜 시장에 발생한 '왜곡'이라고 부른다.

사실 이 같은 장세의 왜곡이 발생하는 빈도에도 법칙성이 있다.

구체적인 것은 나중에 자세히 소개하기로 하고, 왜곡이 발생한 타이밍에 주식을 싸게 샀다가 비싸지면 서둘러 이익 확정하기보다 예를 들어 100주씩 매도해 나가는 방법을 나는 실제 트레이딩에서 활용하고 있다. 거창한 방법은 아니지만, 이 방법에 따른 승률은 현재 80% 이상이다.

그저 이 작업을 담담하게 반복해 나가기만 하면 그만인데, 시장의 왜곡에는 법칙성이 있으므로 흐름을 잘 타기만 하면 상당히 좋은 성적을 거둘 수 있다.

시장에 왜곡이 생겨 가격이 하락하면 많은 투자자가 불안과 두려움에 지배된 심리 상태에서 주식을 매도한다. 반대로 상승 장세일 때는 종목 고유의 가치를 믿고 모두가 매수하려고 달려든다. 그리고 종목의 가치 이상으로 주가가 부풀어 오르면 금융 버블이 일어난다.

많은 투자자가 새파랗게 겁에 질려 매도하거나 욕망에 지배되어 급하게 고가에 매수하는 모습을 살짝 지켜보면서 가만히 움츠리고 있다가 가격이 확실히 내려갔을 때 줍고 또 줍자. 마치 사자처럼 사냥감이 나타나기를 숨죽여 기다리는 것이다.

주식투자에서 계속 이기려면 '① 주식은 싸게 사서 비싸게 판다, ② 시장의 왜곡을 이용한다'라는 이 두 가지 재현성에 대하여 곰곰이 따지고 생각하는 수밖에 없다.

지금까지 당신이 가지고 있던 주식투자에 대한 이미지를 바꾸기 위해 재현성의 중요성에 대하여 반복 설명하였다. 매우 중요한 개념임을 이해했으리라 믿는다.

이 밖에도 나의 투자 경험에 비추어 볼 때 주식투자에는 알고만 있어도 투자를 유리하게 이끄는 재현성과 트레이딩 패턴이 있다고 생각한다.

이제 드디어 다음 장부터는 실천 편이다. 내가 실제로 지금도 활용하고 있는 재현성 높은 트레이딩 방법과 테크니컬 지표를 소개해 보기로 하겠다. 자, 여러분도 준비되었는가?

 **Check Point**

주식투자는 도박이 아니다. ① 주식은 싸게 사서 비싸게 판다, ② 시장의 왜곡을 이용한다. 이 두 가지 재현성의 규칙을 철저히 파헤쳐 보자.

## 제5장

# 재현성을 활용한 실천!
# 트레이딩 방법

과학적으로 올바른 '대박 투자자가 되는 방정식'

재현성을 이용한 이기는 방법 ① 테크니컬 지표

# '싸게 사서 비싸게 판다'를 실천한다

## 결과가 따르지 않는 데는 이유가 있다

이제부터는 내가 실제로 사용하고 있고, 또 알아두면 재현성을 이용한 투자에 유리해지는 패턴이나 테크니컬 지표를 엄선하여 소개해 나가기로 하겠다.

테크니컬 지표는 가격이나 거래량의 추이를 그래프로 나타낸 차트의 형상을 통해 미래의 가격 변동을 예상하는 '테크니컬 분석'에 사용되는 지표를 말한다.

구체적으로는 트렌드(추세) 분석, 캔들 차트(봉 차트) 분석, 거래량 분석 등이 유명하다.

그렇다고는 해도 테크니컬 애널리스트(증권 또는 산업계와 관련한 문제를 조사하여 투자자에게 도움이 될 만한 결론을 도출하는 전문가 중 차트 분석을 중시하는 사람)가 사용하는 난해한 용어나 방법을 기억할 필요는 전혀 없다. 어렵게 느껴지겠지만, 이미 앞장까지의 설명으로 마인드가 전환된 여러분 이라면 머리에 쏙쏙 집어넣을 수 있을 테니까.

## 결과가 나오지 않는 투자자에게서 흔히 볼 수 있는 세 가지 원인

앞서 서술한 대로 주식투자에서 이기기 위한 철칙은 '싸게 사서 비싸게 판다'라는 것이었다.

하지만 일부 투자자는 이 철칙을 따르고 있음에도 불구하고 결과가 나오지 않는 상황에 있다고 생각한다.

이유가 뭘까? 원인은 아마도 다음 세 가지이다.

### 원인 ① 매수할 생각만 하고 있다

주식투자를 하다 보면 지금 주식을 갖고 있지 않다가 손해 보는 건 아닐까 싶어 걱정이 떠나질 않는데, 이런 상태를 가리켜 포지션 (미결제약정) 생각이 머리를 떠나지 않는다는 의미에서 '충동 매수증 (항상 주식을 보유하면서 트레이딩에 참여하지 않으면 불안해지는 심리를 나타내는 표현으로, 데이 트레이딩 의존증 또는 도박 의존증과도 비슷하며, 단타병의 일종으로 볼 수 있음)'이라 고 표현하기도 한다. 누구나가 빠질 수 있는 주식투자의 함정이다. '투자=매수'라고 단정 짓기 때문이다.

자각증상이 있는 사람은 주식을 사들이기만 하지 말고, 이 책에 서 소개하는 '기다림'을 전략적으로 도입하자.

## 원인 ② '오르는 종목'을 선택하지 못했다

아무리 저가 종목이라도 주가가 오르지 않으면 돈을 벌 수 없다. 재무나 사업을 분석하여 '오르는 종목'을 선택한다. 재무 분석에 서투른 투자자도 많겠지만, 이번 장 150쪽에서 세 가지 포인트로 나눠 소개하고 있으니 참고하자.

## 원인 ③ 타이밍이 어긋나 있다

세 번째는 저가를 노렸으나 타이밍이 어긋났기 때문이다.

저가에 '줍줍'했다고 생각했는데 1년 차트나 5년 차트를 보면 여전히 고가 매수였던 경우가 종종 있다. 이 책을 통해 차트 분석 방법을 배워 충분히 끌어당긴 후에 싸게 매수할 수 있도록 하자.

## 규칙을 실천해도 이길 수 없는 경우의 개선 방법

이 세 가지 증상에 해당하는 투자자는 본인의 투자 방법에 계속 이기기 위한 재현성이 아직 없다고 할 수 있다.

재현성 없는 투자는 성공 패턴이 정립되지 않아서 잘못된 투자를 계속하게 할 뿐 아니라, 어디서 실수했는지 깨닫지를 못한다. 그래서 궤도 수정도 좀처럼 쉽지 않다.

주식투자에 한 방에 끝내는 트레이딩 방법 따위는 존재하지 않는다. 하지만 꾸준히 지식을 축적하여 재현성을 얻고 경험을 쌓아 기회를 기다릴 줄 아는 투자자가 되면 큰 수익을 달성해 나갈 수 있다.

개선하기 위해서는 긴 안목으로 장세를 파악해야 한다.

장세에는 '흐름'이 있다. 1년 주기, 3년 주기, 5년 주기, 그리고 10년 주기, 30년 주기가 있는데, 이익을 좇는 투자자는 그 주기별 재현성을 이해하고 또한 같은 타이밍에 주식 거래에 참여하는 기술이 몸에 배어 있다.

이 장세의 전환점을 포착하는 재현성도 매우 중요하다. 물론 그 방법도 이번 장에서 설명하고자 한다.

## '주식투자에서 살아남기' 위해서는 최대한 실수를 줄이자

지금까지도 말했지만 '저점에 사서 고점에 판다'를 실천하고 있음에도 실제로 이기지 못하고 있는 원인은 싸게 산 게 아니라, 싸게 샀다고 착각하기 때문이다.

"우선 시장에서 살아남고 그다음에 돈을 벌라."

이 말은 투자로 막대한 돈을 벌어 심지어 미국 정부마저 흔들었던 유명 투자자 조지 소로스(George Soros)의 말이다.

우선 살아남기 위해서라도 재현성 있는 투자를 하는 것이 중요하다.

개인투자자의 이익의 원천은 주식 매수 타이밍뿐이다.

그렇다면 어떤 방법으로 매수해야 할까. 바로 이길 수 있는 기대치가 높은 국면이 될 때까지 참을성 있게 기다린다. 고도의 기법이나 데이터 분석은 모두 그 후의 응용력에 불과하다.

기회가 올 때까지 매수하지 않는다. 재현성 높은 기대치까지 기다린다. 그 타이밍을 참을성 있게 기다렸다가 매수한다. 이것을 철저히 하자.

즉 '주식투자에서 살아남기' 위해서는 최대한 실수를 줄이는 방법밖에 없다.

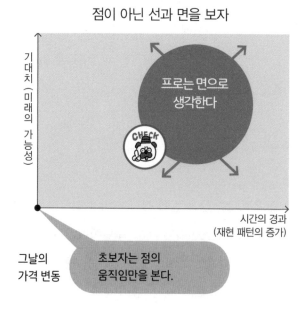

점이 아닌 선과 면을 보자

프로는 면으로 생각한다

CHECK

기대치 (미래의 가능성)

시간의 경과
(재현 패턴의 증가)

그날의
가격 변동

초보자는 점의
움직임만을 본다.

즉 '주식투자에서 살아남기' 위해서는 최대한 실수를 줄이는 방법밖에 없다.

그러려면 기회도 위기도 '점'으로 살펴서는 안 된다.

순간이라는 '점'으로 보는 게 아니라, 시간의 경과라는 가로축을 마련한 '선'으로 관찰하면서 시장 전체의 파도의 강약을 더한 '면'으로 움직임을 포착해야 한다(왼쪽 그림).

주식시장의 패턴이나 왜곡을 이용하는 것도 시장을 점이 아닌 선과 면으로 포착하기 위해서다. 그것이 우리 개인투자자가 이기기 위한 트레이딩 방법이다.

 **Check Point**

시장을 파악할 때는 점이 아닌 선과 면을 의식해야 실수를 최대한 줄일 수 있다.

# 미국 시장에는 하락 시기와 상승 시기가 존재한다

주식을 사기 전에 미국 주식의 추이를 살펴보자

앞서 서술한 대로 일본 주식이나 한국 주식은 미국 주식의 경제나 주가에 크게 영향을 받는다.

그 미국 주식에는 분명한 법칙성이 있다.

40쪽에 소개한 과거 30년간(1991~2020년) 미국 주식의 대표적 지수인 S&P500의 월간 등락률을 다시 한번 살펴보면, 7월의 강세장(서머랠리, Summer Rally)을 거쳐 8월과 9월에 크게 조정되는 경향이 있음을 알 수 있다.

우리가 '여름 하락장'이라고도 부르는 여름철 주식시장 거래 감소 경향은 매도 세력이 커지는 계절성(아노말리) 영향이 있다고 한다.

51쪽 그림을 보면 일목요연하다. 주식은 여름에 크게 하락하고 10월 이후부터 연말에 걸쳐 연말 랠리라고 불리는 주가 상승을 보여 준다. 2월에 일단 하락하기는 하지만 또다시 기업 결산이 시작되는 4월에 걸쳐 크게 상승해 간다.

일설에 따르면, 세계 금융의 중심인 월가에서 일하는 사람들이 보너스 전에 사정을 유리하게 하려고 이익 확정을 하는 것이라거나 많은 외국인 투자자가 여름철 장기 휴가에 들어가기 전에 일단 보유 주식을 매각 결제하여 현금화하는 것이라는 얘기도 있는데, 진짜 이유는 확실치 않다.

## 30년간의 수치 데이터가 나타내는 '매수 타이밍'

다만 30년간의 수치 데이터에서는 경향과 대책을 확실히 볼 수 있다. 이를 분석하면 '여름과 가을의 주가 하락은 절호의 매수장'이라는 경향이 과거의 법칙성을 통해 드러난다.

특히 주의할 점은 미국 주식이 앞으로도 이처럼 법칙성을 나타낼 것이라는 보장은 없다는 사실이다. 또한, 일본 주식이나 한국 주식이 계속 미국 주식에 연동한다는 보장도 없다.

다만 미국 주식에도 일본 주식에도 그리고 한국 주식에도 이러한 이익 확정이나 매수 타이밍을 노릴 수 있는 경향이 있다는 점을 염두에 두면 좋을 듯하다.

 **Check Point**

30년간의 수치 데이터를 보면 미국 주식의 매수 적기가 일목요연하다.

POINT 21

재현성을 이용한 이기는 방법 ③ 섹터 변경

# 금리×경기의 움직임을 통해 네 가지 패턴으로 분류하라

종목 선택의 나침반 '섹터 다이어그램'

'섹터 다이어그램'은 다음 그림과 같이 금리와 경기의 움직임에 연동하는 성과를 내기 쉬운 섹터(산업 업종별로 주식 종목을 묶어놓은 것-역주)를 발견하는 데 도움이 되는 상관도(서로 상관관계에 있는 두 변량의 관계를 그림으로 나타낸 것)를 말한다.

원의 왼쪽 위에서부터 차례로 살펴보기로 하자. 우선 금리가 낮고 경기가 좋을 때는 금융주와 하이테크주가 주목을 모으기 쉽고, 금리가 낮은 상태에서 체감경기가 약해지기 시작하면 무역수지 등의 수치에 좌우되기 어려운 통신주, 헬스케어주, 생활필수품주, 공공주 등의 내수 관련이나 인프라주가 주목을 모으기 쉬워짐을 알 수 있다.

반대로 경기가 좋은 상태에서 금리가 높아지면 공업주, 소재주 등의 경기 순환주가 강해진다. 그리고 금리가 높은 상태에서 경기 전체가 약해지면 자산 방어를 위해 에너지주가 주목을 모으기 쉬워진다.

일반적으로 주식시장은 이러한 4개의 사이클을 시계방향으로 순환하고 있다고 말해진다.

다만 어디까지나 미국 시장용으로 고안된 것이므로, 일본 주식이나 한국 주식에는 참고하는 정도로만 사용하는 것이 좋을지도 모르겠다.

참고로 일본 주식에 투자하는 나의 활용 방법은 다음 두 가지이다.

(1) 주로 미국 경기의 순환에 맞춰 투자한다.
(2) 대상을 나눠 섹터 간 자금을 이동시킨다(예: 호경기에 금리가 오르면 회복기의 섹터에서 호황기의 섹터로 이동).

이를 '섹터 변경'이라고 부른다(156쪽에서도 자세히 설명함).

## 섹터 다이어그램

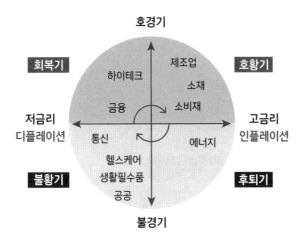

출처: Contextual Investments LLC)

 **Check Point**

초보자가 종목을 선택할 때는 섹터 다이어그램으로 순환을 생각한다.

재현성을 이용한 이기는 방법 ④

# POINT 22

## '고가 저항선'과 '저가 지지선'
## 차트는 '선'을 의식하자

주가가 움직일 때는 군중심리가 쇠퇴한다

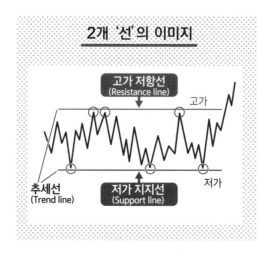

2개 '선'의 이미지

고가 저항선
(Resistance line)

고가

저가

추세선
(Trend line)

저가 지지선
(Support line)

상승 중인 종목이 어디까지 오를지를 예상할 때 여러분은 어떻게 하는가?

쭉쭉 급등하는 차트를 보고 있으면 끝없이 오를 것처럼 보인다. 반대로 하락 추세에 접어들면 이번에는 끝없는 늪에 빠지듯 한없이 내려갈 것처럼 느껴진다.

이럴 때 우리 투자자에게 도움이 되는 것이 '고가 저항선'과

'저가 지지선'이다.

고가 저항선은 과거 주가의 고점과 고점을 연결한 선을 말한다. 영어로는 '레지스턴스 라인(Resistance line)'이라고 하며, 그 수준까지 상승하면 심리적 고비로서 투자자의 매도 압력이 강해진다.

왜 심리적 고비인지에 대해서는 여러 가지 설이 있지만, 내가 생각하는 이유는 다음 두 가지이다.

### 사례 1 '시세 회복에 따른 매도'가 연일 이어짐

과거 매도 세력과 매수 세력이 서로 엎치락뒤치락하던 시점에 고가에 샀던 주식의 시세가 하락하면서 팔지 못해 보유하고 있던 투자자가 '시세 회복에 따른 매도'*에 나선다. 그래서 일단은 하방 압력이 커진다.

### 사례 2 성취감에 의한 심리적 매매 압력

주가가 회복되어 크게 오르더라도 전회 차트의 상승 꼭짓점을 찍으면 심리적인 '성취감'이나 '여기까지구나 하는 느낌'이 든다. 그러면 서서히 시세 회복 매도가 시작되고 주가 상승에 제동이 걸리면서 주가가 뒤바뀐다.

---

*시세 회복 매도: 예상과 달리 가격이 하락한 주식이 간신히 원래의 매수 가격으로 회복되었을 때 '맙소사, 다행이다'라는 기분으로 이익이 플러스도 마이너스도 아닌 상태에서 매도하는 것.

위의 두 가지 경우 모두 아마도 정답이다. 주가는 대중이 결정하는 것이다. 군중심리에 의해 저가 지지선이나 고가 저항선이 의식되면 그것은 차트가 되어 주가에 나타난다.

참고로 고가 저항선의 정점을 연결한 선을 '레지스턴스 라인'이라 하고, 저가 지지선의 골짜기를 연결한 선을 '서포트 라인'이라고 부른다. 또한, 저가끼리 또는 고가끼리 연결한 가격 변동선을 '트렌드 라인(추세선)'이라고 부른다.

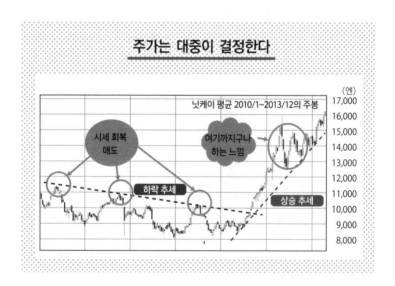

## 저가의 저항선이란?

익숙해지면 그다지 어렵지 않다. 실제로 선 그리는 방법은 가와

사키중공업을 참고하길 바란다<sub></sub>(다음 페이지).

가와사키중공업의 경우 2,300엔 부근이 저가 지지선으로 의식되고 있음을 알 수 있다. 그 수준까지 가서 팔리면 일단 매수가 들어와 반등 가능성이 커진다.

이처럼 저가 지지선은 강력한 저가 저항선이 되는데, 어떠한 이유로 기세 좋게 돌파된 경우는 일단 조정 국면에 들어가는 경우가 많으며, 그때는 급하게 서둘러 사기보다는 잠시 상황을 지켜보면서 바닥 다지기를 기다리는 편이 무난하다.

저가 지지선을 넘어 또다시 반등하여 상승하기 시작하면 재차 그 종목의 매수 시점을 노린다.

출처: 라쿠텐 증권 (2021년 11월 1일 시점)

## Check Point

'고가 저항선'과 '저가 지지선'으로 주가의 하락, 상승을 예상한다.

# 트렌드를 파악하기 쉬운 종목을 선택한다

'레인지 장세(박스 장세)'의 특징

앞에서 봤듯이 주가는 각각 다른 움직임을 보이는 듯하면서도 어느 정도의 경향(트렌드)을 차트 위에 궤적으로서 남긴다.

재현성을 이용하려면 이러한 트렌드를 활용해야 한다.

차트의 경향 파악은 경험과 상관없이 누구나 간단히 할 수 있다. 구체적으로는 고가 저항선 부근까지 가격이 상승하면 하락으로 바뀌기 쉽고, 저가 지지선 부근까지 하락하면 반등하기 쉽다고 하는 특성을 이용하는 것이다(다음 그림의 위쪽).

이것을 '레인지 장세 진입' 또는 '박스 장세'라고 부른다.

아래쪽 그림은 자동차 제조업체인 스바루의 차트이다.

한눈에도 알 수 있듯이 고가 2,300엔 부근, 저가 2,000엔 부근의 레인지 장세를 1년 동안 반복하고 있다. 이 박스 안에서 조금씩 조금씩 반복하여 매매하기만 해도 상당한 이익을 얻는다.

## 레인지 장세의 이미지

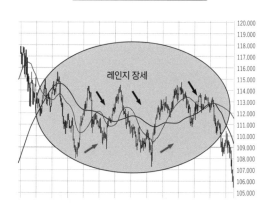

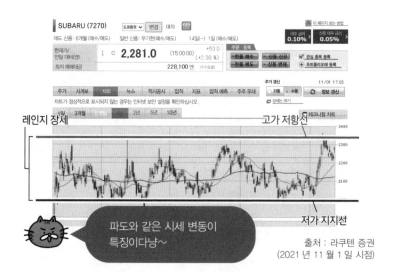

출처 : 라쿠텐 증권
(2021년 11월 1일 시점)

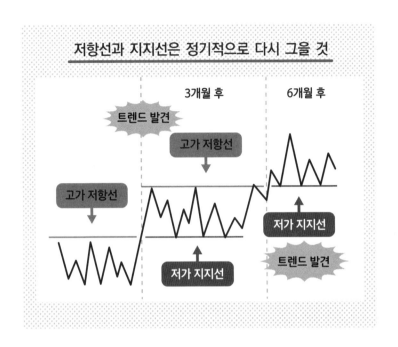

트렌드가 바뀌는 경우도 있다

　무엇보다 이러한 재현성도 반드시 100% 같은 패턴으로
일어난다고 장담할 수는 없다.

　상한선이 돌파되거나 하한선이 무너졌다면 트렌드의 흐름
이 새롭게 전환되었다고 판단하자. 이렇게 <u>트렌드가 전환되
었을 때는 다시 선을 그어야 한다.</u>


　과거의 차트를 찬찬히 들여다보면 새로운 고가 저항선과

저가 지지선이 분명해진다. 그리고 새로운 트렌드가 발견되면 이번에는 그것을 참고하여 다시 한번 재현성 높은 트레이딩을 실시한다.

만일 새로운 트렌드가 발견되지 않는다면 무턱대고 그 종목에 집착하여 쫓아갈 필요는 없다. 트렌드를 잡기 쉬운 다른 종목으로 사고를 전환하는 것이 무난하다.

## Check Point

트렌드는 항상 변화한다. 차트 변동에 맞춰 새롭게 고가 저항선과 저가 지지선을 다시 긋자.

재현성을 이용한 이기는 방법 ⑥ 폭락 경고

POINT
24

# 역사적인 대폭락에도 법칙성이 있다

폭락을 예고하는 '힌덴부르크 오멘'

혹시 힌덴부르크 오멘(Hindenburg Omen: 증시의 폭락을 예고하는 전조로 거론되는 기술적 분석 지표)에 대해서 알고 있는가?

미국의 물리 수학자 짐 마에카(Jim Miekka)에 의해 고안된 재현성 높은 테크니컬 지표의 하나로 이것만이 드물게 '폭락의 징조'를 포착한다.

대히트를 기록한 영화의 제목이 되기도 했던 '오멘'은 '좋지 않은 일이 일어날 징조'라는 뜻이다.

다우나 S&P500 등, 미국 주식시장의 주가 폭락 징조를 나타내는 지수로 알려졌기 때문에 힌덴부르크 오멘 신호가 켜지면 폭락 경고로서 많은 뉴스 사이트에서도 화제가 된다.

## 힌덴부르크 오멘 신호가 켜지는 네 가지 조건

**조건 1:** 뉴욕증권거래소(NYSE)의 52주 고가 갱신 종목과 저가 갱신 종목의 수가 모두 그날의 상승 및 하락 종목 합계 수의 2.2% 이상임

**조건 2:** NYSE 종합 지수의 값이 50영업일 전을 웃돌고 있음

**조건 3:** 단기적인 오름세를 나타내는 맥클레런 오실레이터(McClellan Oscillator)의 값이 마이너스임

**조건 4:** 고가 갱신 종목 수량이 저가 갱신 종목 수량의 2배를 넘지 않음

힌덴부르크 오멘 신호가 켜지면 구체적으로는 다음에 나타내는 세 가지 중 어느 하나가 발생한다고 한다.

**【힌덴부르크 오멘 신호가 켜졌을 때 경계해야 할 세 가지 사항】**

①77%의 확률로 NY 다우가 5% 이상 하락

②공황 매도가 이루어질 확률 41%

③중대한 급락(crash)이 발생할 확률 24%

언뜻 보기에도 소름 돋을 만큼 대단한 수치다.

미국 주식시장의 데이터를 토대로 판단되며, 구체적으로는 144쪽의 도표에 나타낸 네 가지 조건에 따른 판단으로 켜지게 된다.

그렇다고 도표에 있는 어려운 내용을 다 기억할 필요는 없다.

우리 개인투자자들은 국내의 키움증권이나 혹은 해외 트레이딩 뷰(tradingview.com)를 통하여 기술적 분석 도구를 제공받아, 사용자 정의 지표를 설정하고 다양한 지표들을 결합하여 힌덴부르크 오멘을 직접 추적할 수 있으며, 이를 통해 폭락 경계경보가 켜지는 것을 언제든 확인할 수 있다.

또한 네이버 금융(finance.naver.com)이나 다음 금융(finance.daum.net)을 통하여 한국 주식 시장의 실시간 데이터와 함께 특정 종목의 52주 최고가 및 최저가 정보를 쉽게 확인할 수 있습니다.

내 경우에는 주식시장이 호조세 지속으로 "오늘은 순조로울지도 모르겠다.", "평소보다 좀 더 크게 자금을 움직인 것 같다."라고 느꼈을 때 긴장감을 되찾기 위해서 점검하고 있다.

## 폭락 경계경보가 켜져도 극단적으로 두려워할 필요는 없다

마치 판타지게임의 현자가 사용하는 궁극의 마법 같은 이름이지만, 극단적으로 두려워할 필요는 없다.

이해하기 쉽게 말하면 힌덴부르크 오멘은 지나친 시세의 방향감을 수치화하여 투자자 심리나 시장 전체의 선행 과열 양상을 더한 것이다.

주가지수만을 놓고 보면 이해하기 어려운 투자자들의 미묘한 심리적 변화를 깨닫게 해주는 지수라고도 할 수 있다. 사람의 심리는 평상시의 수치로는 들여다볼 수 없으니 말이다.

## 경계경보가 켜지면 어떻게 하나?

물론 시장 전체가 과열 양상을 보일 때나 개인투자자의 매수가 많을 때 발생하는 경계경보이기 때문에 확률적으로 생각하면 사람들이 몰려 하락으로 바뀌기 쉬운 타이밍에 경보가 켜지는 것이므로 적중은 당연하다고 생각하는 사람도 있다. 물론 나도 그 의견에 찬성한다.

다만 앞서도 말했듯이 주식투자의 세계에서는 자기 자신을 경계하는 존재가 매우 중요하다. 조금 흥분하여 지나치게 달려도 자신

146

을 꾸짖어 줄 사람이 없으니 말이다.

경계경보가 켜져서 하락하는 것인지 지나친 열광이 그렇게 만드는 것인지는 "닭이 먼저냐, 알이 먼저냐"라는 문제와 같겠지만, 하나의 지수로 참고삼는 것도 좋을 듯하다.

또한, 힌덴부르크 오멘 신호가 켜졌을 때는 다음과 같은 투자 전략을 취하는 것이 좋다고 한다. 꼭 참고하길 바란다.

---

**【힌덴부르크 오멘 신호가 켜졌을 때의 투자 시나리오】**

(전략 1) 이익이 크게 발생한 종목은 전부 또는 절반을 결제한다.

(전략 2) 현금 보유율을 높여 급락이나 폭락을 기다린다.

(전략 3) 조정이 발생한 단계에서 노렸던 종목을 조금씩 매수한다.

---

 **Check Point**

유비무환. 힌덴부르크 오멘 신호가 켜졌을 때의 대책을 미리 생각해 두자.

재현성을 이용한 이기는 방법 ⑦ 테크니컬 분석

POINT
25

# RSI를 활용한 트레이딩 방법

'과잉 매수', '과잉 매도'를 한눈에 알 수 있다!

RIS는 테크니컬 차트의 하나이다.

"Relative Strength Index"의 머리글자를 딴 약자로 '상대적 강도 지표'를 의미한다.

우리말로 풀어도 어려운 표현이기는 하지만 신경 쓸 필요는 없다. '과잉 매수인지 과잉 매도인지'를 판단하는 데 이용되며, 내가 아는 한 가장 편리한 지표이다.

또한, RSI는 일정 기간 내에서의 주가 상승폭 합계와 하락폭 합계를 더한 숫자로 나눠 100을 곱한 것이다.

수치는 0~100%로 표시되고, 일반적으로 70~80% 이상이 과잉 매수, 20~30% 이하가 과잉 매도로 판단된다.

많은 투자자가 RSI를 선호하는 이유는 바로 이해하기가 쉬워서다.

다른 테크니컬 지표와 달리 1개의 선으로 표시되어서 주식 초보자도 다루기 쉽다.

하지만 수치로 '과잉 매수 경보'나 '과잉 매도 경보'가 켜져도 사실상 그대로 움직이지 않는 일이 종종 발생한다. 그래서 나는 어디까지나 지금까지 소개한 테크닉이나 차트의 움직임을 보충하는 요소로서 매매 타이밍의 정확도를 높이기 위해서 이용하고 있다.

이상이 내가 실제로 매일의 트레이딩에 이용하는 재현성 높고 개인투자자가 비교적 사용하기 쉬운 테크니컬 분석이다.

물론 각각에는 일장일단이 있으며, 만능의 방법이라는 것은 없다.

가장 중요한 것은 각종 기술과 테크니컬 분석, 그리고 당신 자신의 경험에 기초하여 스스로 판단하는 것이다.

경험이 많아질수록 종합적인 판단이 가능해지며, 주식투자에서 이기는 타이밍을 알 수 있게 된다.

 **Check Point**

많은 투자자가 선호하는 RSI는 주식 초보자에게 안성맞춤이다. 적극적으로 활용하자.

재현성을 이용한 이기는 방법 ⑧ 펀더멘털 분석

# 알짜 종목을 찾아라!

눈여겨볼 포인트는 '수익성', '지속성', '확실성'

여기서부터는 '펀더멘털(fundamental) 분석'에 대해서 얘기해 보 겠다.

펀더멘털 분석은 종목의 재무 분석을 말하는 것으로, 가계의 주 머니 사정에 비유할 수 있다.

기업의 펀더멘털 분석을 통해 "그 회사가 지금까지 어느 정도나 벌었는지?", "미래의 성장성은 있는지?", "부채 비율은 건전한지?", "사장이나 임원이 보수를 너무 많이 받고 있지는 않은지?", "우리 주주를 소중히 여기고 있는지(배당금을 제대로 분배하고 있는지)?" 등을 판단 할 수 있다.

무엇보다 나는 FP(파이낸셜 플래너)도 아니고 재무 전문가도 회 계사도 아니다. 그래서 내 나름 주식 초중급자와 초보자가 짚고 넘어가야 할 포인트를 세 가지로 좁혀서 소개해 보고자 한다.

### 펀더멘털 분석의 포인트 ① 이익은 어느 정도인가?

첫 번째는 이익이 어느 정도냐 하는 '수익성'이다. 사업 매출의 상승뿐 아니라, 얼마만큼의 수익력이 있는지도 판단한다. 판단하는 지수로는 영업이익, 경상이익, 1주 이익 등을 작년 대비 최대 과거 5년간과 비교하면 좋다.

### 펀더멘털 분석의 포인트 ② 언제까지 지속될까?

두 번째는 언제까지 지속될까 하는 '지속성'이다. 올해만 매출을 크게 늘리는 것으로는 그 회사의 성장 가능성이 오히려 위태로워진다.

태양광 발전이나 SEO(Search Engine Optimization의 약자, 검색엔진 최적화) 컨설팅 등과 같이, 한때 일세를 풍미했다고 해도 애초에 경쟁 우위성이 없거나 수익 대부분을 타사 플랫폼에 의존하고 있는 경우도 마찬가지라고 생각된다. 그런 경우는 회사의 장래성이 있는지를 확실히 검증하자.

### 펀더멘털 분석의 포인트 ③ 얼마나 확실한가?

마지막 세 번째는 지금까지 서술한 수익성이나 지속성이 얼마만큼 확실하냐 하는 '확실성'이다. 이 요소들을 반영시킨 재무제표의 신빙성을 평가하거나 기업 홈페이지를 분석하여 확실성이 있다고 생각해도 무슨 이유에서인지 주가가 낮고, 방치되고 있는 듯한 종목은 '시장의 왜곡'에 따른 것으로 결국 본전으로 돌아갈 가능성이 있다.

내 경우 특히 시간이 없을 때는 세 가지 포인트를 비교하면서 결산자료나 기업 홈페이지에 있는 사업 내용 등을 검토한 후 '비교적 저가'라고 판단했을 때만 투자한다.

실적이나 사업 내용이 양호해도 싸지 않으면 투자하지 않는다고 하는 판단이 중요하다.

펀더멘털의 수치만이라면 이 세 가지에 비추어 보기만 해도 의외로 간단히 분석할 수 있다. 즉 아직 인기가 없는 '숨어 있는 재고 종목'을 찾는 데에는 펀더멘털 분석이 꽤 효과적이다.

그리고 모르는 것에는 투자하지 않는다. 앞서 서술한 세 가지를 감점법 삼아 주가를 살피면서 지금 사면 이득일지 아니면 언젠가 재평가를 받는 타이밍이 올지를 항상 자신에게 묻는 것이 중요하다.

## 네 가지 갭에 주목하여 차트를 본다

이처럼 펀더멘털 분석을 했다면 이어서 차트가 지금 어느 위치에 있는가 하는 '차트 중시 테크니컬 분석'을 확실하게 실시한다.

결론적으로 펀더멘털 분석을 활용한 테크니컬 분석에서는 지금부터 소개할 네 가지 '갭'을 검토한다.

(1) 그 종목의 진짜 가치와 주가에 갭이 있는지 어떤지?

(2) 그 갭을 메우기 위한 사업 실적을 기대할 수 있는지?

(3) 그 갭이 사람들의 군중심리를 매료하기에 충분한지?

(4) 군중심리가 작용했을 때 언제쯤 차트가 움직일 것 같은지?

이 네 가지 항목에 들어맞는다면 그것은 '싸게 사서 비싸게 팔 수 있는' 종목이라고 생각하면 된다. 그리고 차트를 이용한 구체적인 매매 방법에 관해서는 제7장에서 자세히 소개하므로, 여기서는 생략하겠다.

 **Check Point**

'펀더멘털 분석' → '차트를 중시한 테크니컬 분석'이라는 단계를 밟으면서 확실한 종목을 찾아낸다.

# 경제 뉴스를 보고 듣는 것만으로는 충분치 않다

주변 정보를 통해 수요를 예측하는 방법

'과거의 재현성을 이용한다'는 말은 과거의 검증을 통해 '(오를지 내릴지를 예측하는) 기대치 확률'을 높이는 것을 의미한다.

예를 들어 선거 전에는 선거 테마주가 오르며 인플루엔자가 유행하면 마스크나 방호복을 제조하는 종목이나 그런 제품을 판매하는 조제 약국, 대형 드러그스토어와 같은 종목이 크게 오르는 경향이 있다.

그런 의미에서는 긴 안목을 가지고 수요가 늘 것 같은 종목을 사전에 매수하는 것도 재현성을 이용해 이길 확률을 높이는 투자법이다.

실제로 나는 이후에 소개할 '매매 노트'(172쪽) 한쪽에 재현성 높은 종목에 대해서 낙서하는 수준으로나마 기록을 해두려고 노력하고 있다. 뉴스와 종목에 연동한 움직임이 있을 때는 바로 노트에 기록해 두는데, 그 이유는 나중에 돌이켜 봤을 때 이러한 기록들이 투자 승률을 높이는 데 도움이 되기 때문이다.

## 뉴스는 매년 반복된다

매일같이 시사 뉴스나 경제 뉴스를 보고 읽는 사람은 많겠지만, 이러한 재현성을 의식하는 사람은 적다.

뉴스나 경제 동향은 사실 매년 같은 일이 반복되는 경우가 많다. 그러한 뉴스와 연동한 주가의 움직임을 일찌감치 알아챈다면 "대형 재해 뉴스가 터졌으니 이 종목이 움직이겠구나.", "미국의 금리가 상승했으니 이 섹터가 움직일지도 모르겠군." 하고, 과거의 경험에 비추어 보면서 싸워나갈 수가 있다.

즉, 투자 기술뿐 아니라 정보를 정리할 줄 아는 투자자일수록 주식에서 계속 이길 수 있다는 얘기다.

 **Check Point**

뉴스와 그에 연동하는 주식의 시세 변동은 날마다 점검하여 기록하는 식으로 정리해 둔다.

# POINT 28

## 종목의 관련성에 관심을 가진다

### '섹터 변경' 타이밍을 놓치지 마라

경제의 재현성을 이용하는 개념의 하나로 '순환'이 있다.

133쪽에 소개한 '섹터 다이어그램'의 그림을 떠올려 보자.

순환은 종목의 관련성을 의미한다. 이를테면 은행 주식 다음에는 같은 금융 섹터인 증권 주식이 오르기 쉽다. 또, 해운 주식 다음에는 운반 대상물인 철강 주식이나 석유 관련 주식이 오르기 쉽다. 오일쇼크나 코로나 쇼크 등, 세상이 공황 상태가 되면 대형 슈퍼마켓이나 건재상 등의 소비재 관련 주식이 오르기 쉽다. 그러면 거기서 팔리는 관련성이 높은 컵라면이나 제과 제품, 일상 용품을 제조하는 회사의 주식이 오르기 쉬워진다.

이처럼 경제의 움직임에 맞춰 섹터 간을 순환해 가는 주가의 오르내림에 따라 단계적으로 투자해 나가면 매우 효과적이다. 이를

'섹터 변경 투자법'이라고 부른다.

주식투자 경험이 어느 정도 쌓이다 보면 '섹터 변경'의 움직임을 대체로 알 수 있다. 그런데도 그저 그냥 습관처럼 매일같이 트레이딩 하는 것은 무척 안타까운 일이 아닐 수 없다. 그러므로 어떤 종목이 왜 움직였는지를 연구하고 그 재현성에 관심을 가지는 것이 중요하다.

그러다 보면 나중에 위와 같은 노력을 축적한 투자자와 눈앞의 매매에 일희일비하는 투자자 사이에 엄청난 승률 격차가 생긴다.

다시 말해, 뉴스를 흘려 보지 말고 어느 종목이 오를지, 또 그다음엔 어느 종목이 자극을 받아 인기를 끌지 예측하면서 기회나 타이밍에 관심을 집중하다 보면 큰 이익을 낼 수 있다.

그다음엔 다른 투자자의 심리를 읽고, 군중심리에 동조하지 않고, 고가 매수와 섣부른 매도에 주의하면서 저가 매수에 신경을 쓴다면 지금보다 훨씬 더 이기기 쉬워질 것이다.

 **Check Point**

경제의 움직임에 따른 주가의 오르내림은 물론이고 종목의 연관성에도 관심을 가지자.

POINT
29

# 전문가는 '위기 대처'가 남다르다

## 손실 확대를 막는 '세 가지 수단'

나는 주식을 사기 전에 왜 하필 그 종목인지, 그 이유는 무엇인지, 얼마나 오르면 이익 확정할 것인지에 관한 근거와 목표 가격을 반드시 결정해 두려고 한다.

"차트가 여기쯤 오면 일단 이익을 확정하고 현금화해야겠어. 그리고 내려가면 다시 매수해야지." 하고 투자 시나리오를 미리 정해 두는 것이다.

그러면 차트가 목표 가격에 도달했을 때 자신의 욕망을 통제하면서 서두르지 않고 이익 확정을 할 수 있게 된다.

한편, 문제가 되는 것은 시장을 역행하여 주가가 하락한 경우의 시나리오이다.

주가가 예상 하한가를 밑돌아 하락한 경우, 수중에 잠재적 손해가 큰 종목을 가지고 있게 된다. 그런 상황을 피하기 위한 대응책으로서 나는 다음 세 가지 수단을 마련하고 있다. 이 세 가지 전략의 해결책을 비교하여 가장 좋은 선택지를 고르도록 하자.

### 시나리오 ① 손절매 (→204쪽 참조)

악재가 터져서 처음 예상과 달리 주가가 하락했을 때 나는 망설이지 않고 매도한다. 그 종목의 매입 근거였던 투자 시나리오가 완전히 달려진 것이므로 새롭게 다시 시작해야 한다. 일찌감치 결단을 내리면 치명적인 손해를 회피할 수 있으므로 바로 다음 매매에 임할 수 있다.

### 시나리오 ② 분할 매매로 전환 (→168쪽 참조)

투자 시나리오에 자신이 있는 종목에 대해서는 자금 관리를 철저히 하면서 가격이 하락하면 추가 매수한다. 분할 매매는 전문가라면 반드시 실천하고 있는 방법이다. 이 책을 통해 확실하게 습득하자.

### 시나리오 ③ 장기적으로 계속 보유

단기적으로는 하락해도 장기적으로 원가 이상이 될 것이라는 확신이 있으면 허둥지둥 '헐값 매도'할 필요가 없다.

 **Check Point**

사전에 세운 투자 시나리오대로 되지 않더라도 대책 시나리오를 마련해 두면 당황스럽지 않다.

재현성을 이용한 이기는 방법 ⑫ 폭락 시의 대응

POINT
30

# 대폭락은 일정한 주기로 나타난다

위기를 기회로 바꾸는 '폭락 사이클 투자법'

이제 이번 장의 마지막으로 비장의 재현성을 활용한 트레이딩을 소개하고자 한다.

급락이나 대폭락에는 사실 일정한 사이클이 있음을 여러분은 아는가?

통계적으로도 역사적으로도 커다란 급락(crash)은 약 10년에 한 번의 주기로 발생한다. 그 밖에 폭락이랄 것까진 아니어도 세계 전체 시장이 동반 하락하는 사건, 사고, 천재지변, 분쟁 등이 몇 년에 한 번꼴로 발생한다.

한 경제학자는 7년에서 8년의 주기로 중간 규모 정도의 폭락이 반드시 일어난다고까지 발표했다.

그 진의는 차치하고라도, 리먼 사태나 코로나 쇼크와 같은 대폭

락은 10년에 한 번, 중간 규모의 급락은 5년에 한 번, 세계 뉴스를
뒤흔드는 급락은 1년에 한 번은 일어난다.

이러한 폭락이나 급락의 사이클을 잘 활용한 투자법은 높은 승
률을 가져다준다. 나는 이를 가리켜 '폭락 사이클 투자법'이라고
부르고 있다.

72쪽에서 소개한 한 여성 경영자가 그랬던 것처럼, 폭락 타이밍
을 노려 저점에 사서 고점에 팔거나 고점에 팔았다가 저점에 다시
사기를 반복하는 것이다.

이때 중요한 것은 폭락이나 급락이 발생한 시점에 현금을 수중
에 남겨둬야 한다는 사실이다. 막상 노리던 종목이 싼값에 눈앞에
있어도 현금이 없으면 살 수 없으니 말이다.


내가 20대에 투자를 시작한 이후 지금까지 발생했던 주요 '폭락
사이클'을 이하에 소개한다. 실제로는 더 많은 폭락 급락이 있었다.
여러분 나름 여러 가지로 조사한 후 참고해 보길 바란다.


**【폭락 사이클과 세계 경제의 움직임】**

### 2001년 미국 동시다발 테러 사건

1990년대의 거품경제 붕괴로 인한 경기 후퇴가 이어지던 중
2001년 9월에 발생한 미국 동시다발 테러 사건. 당시 닛케이 평균
주가는 다음날부터 급락하여 17년 만에 1만 엔을 밑돌게 된다.

## 2007년 서브프라임 모기지 사태

2003년 이후 상승 기조를 보이던 중 미국에서 서브프라임 모기지론 문제가 표면화되었고, 2007년 말부터 2008년에 걸쳐 세계적으로 금융위기가 연쇄적으로 발생하면서 닛케이 평균 주가도 폭락한다.

## 2008년 리먼 사태

서브프라임 모기지 사태로 인한 폭락에서 약간의 반등을 보이기 시작한 2008년 9월에 미국 대형 투자은행인 리먼브라더스가 경영 파탄에 빠졌고, 이로 인해 세계적인 금융 불안이 재가열되면서 닛케이 평균 주가가 또다시 폭락으로 바뀐다.

## 2015년 차이나 쇼크

아베 정권에 의한 아베노믹스 장세에서 2만 엔 대로 회복했던 일본 경제가 차이나 쇼크의 영향으로 타격을 입으면서 경기 후퇴 우려와 미국의 금리 상승에 대한 경계로 순조로웠던 닛케이 평균 주가가 크게 하락했다.

## 2020년 코로나 쇼크

2020년 3월에 발생한 세계적인 팬데믹으로 시장을 강타한 세계적 대폭락. 코로나 쇼크 발생 후 닛케이 평균은 약 4주에 걸쳐 급락하여 한때 1만 6,552엔을 기록, 하락률 30%에 달했다. 하지만 그 후 상승으로 바뀌면서 많은 개인투자자가 급증하는 금융 장세가 된다.

이렇게 보니 5년 전후의 주기로 대폭락이 찾아왔던 것 같다. 위와 같은 폭락 사태나 사건을 잘 이용하면 초보 개인투자자라도 주가의 오르내림을 잘 활용해서 돈을 벌 수가 있다. 특히 리먼 사태 당시 닛케이 평균 주가는 1개월 반 만에 약 5,000엔이나 하락했다.

이러한 폭락이나 급락 사태를 이용하는 데 필요한 것이 다음 제6장과 제7장에서 소개하는 '자금 관리'와 '멘탈 관리'이다. 이 두 가지에 대해서도 차근차근 배워 나가 보자.

 **Check Point**

폭락 사태는 걱정할 필요가 없다. 오히려 기회라 생각하고 주식의 시세 차익(Capital Gain)을 챙기자.

## 제6장

# 승부를 가르는 '매수와 매도'의 모든 기법

절대적 차이를 가져다주는 '자금 관리의 법칙'

자금 관리와 분할 매매

## POINT 31

# '최소 단위의 시험적 매매'를 통해 트레이딩 감각을 키우자

전문가라면 반드시 실천하고 있는 확실한 방법

드디어 지금부터는 구체적인 매매에 관한 이야기다.

주식투자를 통해 이익을 얻고자 한다면 법칙성이나 패턴을 활용하면서 실제로 자금을 움직여 매매해야 한다.

특히 중요한 것이 바로 '매매의 매니지먼트', 즉 자금 관리이다.

회사를 경영할 때도 자금 관리는 꼭 필요하다. 실패하면 하룻밤 사이에 도산할 수도 있다. 그래서 지금부터 하는 얘기는 이 책 안에서도 가장 중요한 부분이 되겠다.

주식을 살 때는 먼저 수중에 가지고 있는 자금을 미리 나눠 '최소 단위의 시험적 매매'에서부터 시작해 보자. 이를 가리켜 '분할 매매'라고 하는데, 분할 매매(특히 최초 1회째의 최소 단위)는 전문가라면 반드시 활용하는 것으로 이길 확률을 높이기 위한 재현성 높은 방법이다.

분할 매매를 통해 수익에 유리한 지점에서 포지션(미결제약정)을 확보하려면 어떻게 하는 것이 좋은지, 또 차트나 경제 동향에 맞춰 자금을 관리하려면 어떻게 하는 것이 좋은지, 이에 따라 당신의 주식투자 성적은 완전히 달라진다.

## 재현성이 이기기 위한 무기라면, 자금 관리는 자신을 지키는 '생명줄'이다

자금 관리는 자신을 지키기 위한 '생명줄'이다.

투자 대상 종목은 몇 개가 있어도 상관없지만, 최대 2회에서 4회로 나눠 매수하는 식의 자금 관리에 따른 분할 매매를 철저히 하면 급락과 같은 위기 상황에도 견디기 쉬워진다.

예를 들어 당신이 100만 엔을 투자한다고 했을 때 25만 엔씩 4회로 나눠 사면 자금 관리에 대한 특별한 지식이 없더라도 사전에 리스크를 통제할 수 있다.

우선은 자신의 감각이 정말로 맞는지 지금까지의 경험을 살릴 수 있는 타이밍인지, 그 재현성을 직접적으로 시험하기 위해서라도 적은 금액으로 시작하는 것을 명심하자.

기업 경영에 비유하자면 소규모 전개(small start)라는 뉘앙스에 가깝지 않을까.

자금이나 경험이 아무리 많아도 신사업이 성공할 확률은 50 대 50이다. 경기의 판단, 경쟁기업의 존재, 사원의 모티베이션이나 자신의 건강 관리 등, 사전 준비만으로는 예측이 어려워 커버할 수 없는 요소가 많기 때문이다. 그래서 신사업을 시작할 때는 우선 소규모 전개를 통해 테스트하면서 서서히 자금이나 인원을 늘려나가는 게 성공을 위한 필승 패턴이라고 할 수 있다.

## '최소 단위의 시험적 매매'의 3대 이점

이와 마찬가지로, 최소 단위로 시험적 매매를 하는 경우의 이점으로는 (1) 지금 자신이 하려는 투자가 옳은지 어떤지를 판단할 수 있다, (2) 급락이 발생해도 마음의 여유를 유지할 수 있다, (3) 자신의 판단이 틀렸더라도 타격을 덜 받을 수 있다, 등등을 들 수 있다. 그리고 매수 후 한동안 상황을 살필 수 있다.

이때 중요한 것은 최소 단위의 시험적 매매 이후 자신의 대응이 맞는지, 과거의 성공과 비슷한 느낌이 있는지를 확인하는 것이다. 그런 감각을 느끼지 못한다면 추가 매매도 하지 않는다.

이 방법을 계속 실행한다면 자신의 첫수에 감수해야 할 리스크도 한정된다.

1회차에 25만 엔 정도를 투자했다면 손실 위험도 25만 엔 만큼에 불과하다.

만일 자신의 시험적 매매가 승률이 높았던 과거의 경험과 비슷하다는 느낌을 받았다면 그때부터 자금을 차례로 투입해 나가면 된다. 하지만 단번에 투입해서는 안 된다. 차트의 움직임을 살피며 2회차, 3회차, 4회차로 나누어 가격 폭과 시간을 자기 편으로 만들면서 조금씩 자금을 투입해 나가도록 하자.

여러분은 주식투자를 돈을 벌기 위한 필드라고 생각하고 있을 것이다.

그런데 내 생각은 조금 다르다. 나에게 주식투자는 항상 창과 방패를 손에 들고 서바이벌을 벌이는 전쟁터와 같다. 상대방보다 유리한 고지에 서서 싸우는 것이 살아남기 위해서는 중요하다.

그러므로 순조롭게 이기고 있는 상황에서도 항상 '4분의 1씩 자금을 나눠 투입한다'라는 규칙은 당신에게 귀중한 생명줄이라고 할 수 있다.

### 최소 단위의 시험적 매매를 통해 확인

얼마나 잡히려나!　　　강물의 흐름은?

 **Check Point**

승률을 높이기 위해서라도 '최소 단위의 시험적 매매'는 반드시 익혀
두자.

POINT
**32**

# 이익 확정 시에는 '시장의 형세'를 확인한다

이익 확정 타이밍은 주가를 보면 알 수 있다

이어서 매매의 이익 확정에 대하여 좀 더 자세히 설명해 보기로 하겠다.

내 경우 이익 확정은 '테크니컬 분석을 우선'하고 있다.

이익 확보를 위한 답은 '주가를 보고 판단한다'는 것이다. 그 종목의 미래 실적이나 호재와 악재의 전부를 주가는 몇 개월 앞서서 담고 있다고 한다.

그렇게 생각하면 주식 차트는 그야말로 향후의 실적이나 호재 및 악재를 반영하고 있다고 할 수 있다.

그러므로 지금까지 소개한 테크니컬 지표를 활용하여 차트의 상하 움직임을 보면서 당신의 투자 시나리오에서의 매도 시점을 판단하자. 바로 눈앞에서 가격이 내려가거나 다른 투자자가 당신보다 먼저 빠져나가는 등, "이대로 더 가지고 있어 봐야 리스크만 커질 것 같다."라고 판단한 시점에 이익 확정하는 것이 효과적이다.

구체적으로는 ⑴ 박스 장세를 뚫기 직전, ⑵ 지난 회의 첫 번째 고점 부근 ⑶ 주가가 두 배에 가까워졌을 때를 지표로 삼는다. 참고로 나는 주로 이중 어느 하나에 해당할 때 이익 확정을 하는 편이다.

즉, 매수 시에는 펀더멘털 분석(fundamental analysis: 관련 경제 및 재무 요인을 조사하여 주식의 내재 가치를 측정하는 방법)과 테크니컬 분석(technical analysis: 차트 분석 기법을 사용하여 향후 가격 움직임을 예측하는 기술적 방법)의 두 가지 모두를, 그리고 이익 확정 시에는 테크니컬 분석을 우선하여 이용하자.

다만 주식 초중급자에게는 이익 확정 타이밍이 가장 어려운 것 같다.

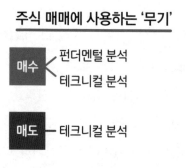

**주식 매매에 사용하는 '무기'**

매수 ― 펀더멘털 분석
테크니컬 분석

매도 ― 테크니컬 분석

먼저 시황 전체의 흐름을 파악하자.

나는 주식투자를 종종 '항해'에 비유하곤 하는데, 항해를 떠나기 전에는 반드시 날씨와 바람 방향 등의 외부 환경을 꼼꼼히 조사하기 마련이다.

또한, 선박의 유지보수도 빼놓을 수 없다. 목적지에 무사히 도착하려면 내부 환경인 엔진 점검이나 식량 보충과 같은 사전 준비도 매우 중요하다.

그렇게 사전 준비를 마친 배는 이제 해류를 따라 나아가면 된다. 해류와 순풍을 잘 타면 배는 목적지까지 빠르게 도착할 수 있다.

그런데 반대로 처음의 시나리오와 달리 파도가 거세고 강풍이나 맞바람이 너무 세면 항해가 순탄치 않다. 유능한 선원이 타고 있어도 상황에 따라선 엔진이 고장 나거나 배가 좌초되는 위험한 일이 벌어질 수 있다. 또, 태풍이나 안개 등의 기상 악화로 인해 타이태닉호처럼 침몰해 버리는 배가 나올 수도 있다.


주식투자도 이와 마찬가지다.

장세 전체가 상승을 그리고 있는 동안에는 순풍을 타고 기분 좋게 나아갈 수 있다. 하지만 일단 장세 전체가 하락으로 바뀌면 높은 파도나 돌풍에 견디지 못하고 전복하는 배도 나온다.

그 때문에라도 먼저 전체적인 항해 (장세)의 흐름을 파악하는 것이 중요하다.

다음에 나타낸 표는 내가 시장 전체를 파악할 때 참고로 삼고 있는 경기동향지수이다.

## 주식 매매에 사용하는 '무기'

| 참고할만한 한국의 국내의 경제 지표 | |
|---|---|
| 경제 지표 | 공표 기관 |
| GDP (국내총생산, Gross Domestic Product) | 한국은행 |
| 소비자물가지수 (CPI, Consumer Price Index) | 통계청 |
| 실업률 (Unemployment Rate) | 통계청 |
| 무역수지 (Trade Balance) | 관세청 |
| 환율 (Exchange Rate) | 한국은행 |
| 금리 (Interest Rate) | 한국은행 |
| 기업경기실사지수 (BSI, Business Survey Index) | 한국은행 |
| 소비자심리지수 (CSI, Consumer Sentiment Index) | 한국은행 |
| 제조업생산지수 (Industrial Production Index) | 통계청 |
| 주택가격지수 (House Price Index) | 한국부동산원 |

| 참고할만한 해외의 경제 지표 | |
|---|---|
| 경제 지표 | 국가·지역 |
| 미국 국내총생산(GDP) | 미국 |
| 미국 고용 통계 | 미국 |
| 유로권 실업률 | EU |
| 중국 PMI | 중국 |

 ## Check Point

이익 확정은 어려운 포인트이지만, 절차를 밟으면 두렵지 않다.

# POINT 33

# 이기든 지든 돌이켜 보는 자세가 필요하다

'매매 노트'를 매일 확인하면서 마음을 정리하자

## 스텝 ② '매매 노트'를 기록하여 돌이켜 보도록 한다

게다가 출항 시에 해야 할 것이 또 하나 있다.

그것은 항해를 돌이켜 보면서 일지를 작성하는 일이다. 주식
투자의 경우라면 매수 이유와 매도 이유를 노트에 적어 두는 것을
말한다.

이것이 항해(주식투자)를 성공시키는 데 불가결한 나의 '매매 노트'
이다.

실패한 경우는 나중에 매매에 활용할 수 있도록 '실패 메모'로서
간단히 항목을 나열하는 정도라도 좋으니 기록을 하고 그 이유도
첨부해 둔다.

시황의 흐름, 그때 자신이 생각했던 것, 왜 이때 매수했는지, 왜 이때 매도했는지, 실수한 경우는 다음에 활용할 만한 반성할 점이 있는지 손절매 타이밍은 어땠는지 등등. 이러한 내용을 노트에 정리해 두도록 하자.

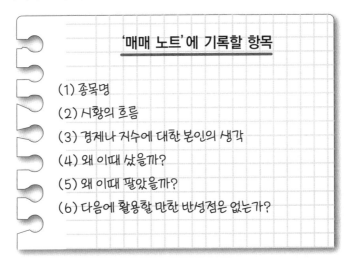

## '매매 노트'에 기록할 항목

(1) 종목명
(2) 시황의 흐름
(3) 경제나 지수에 대한 본인의 생각
(4) 왜 이때 샀을까?
(5) 왜 이때 팔았을까?
(6) 다음에 활용할 만한 반성점은 없는가?

처음에는 2줄 정도의 메모라도 상관없다.

참고로 나는 위와 같은 내용을 노트에 적고 있다. 간단한 항목을 정리해 놓았으므로 참고하길 바란다.


간단한 메모라도 지속하는 동안 여러 가지를 깨달을 수 있다.

신기하게도 자기의 생각과 마음을 정리할 수 있게 된다.

뇌과학 연구에서도 불안감이나 걱정을 노트에 적기만 해도 마음이 정리되는 것으로 밝혀졌다. 마음의 안개가 걷히는 느낌을 실감

할 수 있을 것이다.

이 효과는 이루 헤아릴 수 없다.


주식투자는 이 책에서도 여러 차례 언급했듯이 상대방이 있는 선두 다툼을 본뜬 심리 게임이다. 마음이 어수선할 때는 주식투자도 뜻대로 안 된다. 반대로 마음이 여유롭고 평온할 때는 매매가 순조로운 경향이 있다.

특히 손해를 보고 있을 때는 마음의 안정감을 좀처럼 유지할 수 없다. 그런 마음의 움직임이나 상태를 먼저 본인이 냉정하게 들여다보면서 파악할 필요가 있다.

그런 다음 자신이 납득한 타이밍에 이익 확정할 준비를 해 나간다.


### 스텝 ③ 실제로 매매를 실행한다

이번 장 서두에서 서술한 바와 같이, 분할 매매인 '최소 단위의 시험적 매매'를 철저히 하여 조류와 바람 방향, 엔진의 호조와 부조를 꼼꼼히 확인하면서 이익 확정을 위한 매도를 진행해 나간다.


### 스텝 ④ 이익 확정을 했다면 한 번 더 돌이켜 본다

이익 확정을 돌이켜 보는 이유는 경험을 통해 많은 것을 배우기 때문이다.

왜 잘 되었는지, 왜 손실을 봤는지, 손절매 규칙은 제대로 지켰는지, 거래 시작이 빠르지는 않았는지, 분할 매매 시에 욕심을 조절할 수 있는지.

실수나 잘못이 있었다면 그것을 인정하고 매매 노트를 통해 확실히 원인을 찾아 그것을 파악하면서 돌이켜 본다.

그때 얻은 깨달음은 다음 매매 시에 활용해 나간다.


극단적으로 말하면 주식투자는 여기서 설명한 '스텝 ①~④'의 반복이다.

어렵게 느껴질 수 있겠으나 항상 이기는 투자자들은 크고 작은 정도의 차이는 있지만 비슷한 일을 실제로 하고 있다. 실천하고 반성하면서 개선점을 찾는다. 그리고 또다시 실천하고 반성하면서 다음 개선점을 찾는다. 그렇게 반복해 나가다 보면 다른 투자자와의 사이에 서서히 실력 차이가 생기는 것이다.

투자란 결국 화려한 게 아니라 꾸준한 작업의 연속이다.

 **Check Point**

이익 확정까지의 감정 변화와 우여곡절의 기록은 나중에 유용하게 쓰인다.

# POINT 34

## 증권회사의 매매 이력을 활용한다

### 과거 반년간의 트레이딩 이력을 되돌아본다

한 단계 더 올라가고 싶은 사람은 매매 기록을 관리하고 모든 거래를 주기적으로 검토하는 것도 좋다.

내 경우에는 과거의 트레이딩 이력을 6개월마다 점검하고 있다.

1년에 2회 정도 매입 단가, 수량, 이익, 손익률 등의 기록을 되돌아본다.

나는 목적별로 4개의 증권계좌를 가지고 있는데 그중에는 과거의 매매 이력을 엑셀 파일로 저장할 수 있는 편리한 가진 증권사가 있었다.

버튼 하나로 6개월 또는 1년 치 매매 이력을 확인할 수 있는데, 때때로 이것들을 되돌아봄으로써 매매 노트의 내용도 다른 각도에서 보완할 수 있으며, 더욱 정확한 자세로 매매를 할 수 있게 된다.

## Check Point

객관적인 트레이딩 데이터를 되돌아보고, 자신의 투자 스타일을 주기적으로 개선 및 수정하자.

슬럼프 대처법
# 계속 질 때는 어떻게 해야 할까?

실패에도 재현성이 있다

만일 계속해서 졌을 때 당신이라면 어떻게 하겠는가?

절망감을 느끼며 어떻게든 회복해 보려고 초조해할까?

그럴 때는 일단 시장에서 벗어나 거리를 두고 한숨 돌리자.

그런데 문제는 실패에도 '재현성'이 있다는 사실이다.

원인을 밝혀내지 않고 같은 방식을 고집하며 반복하다가는 자산
만 잃을 뿐이다.

이는 비즈니스에서도 마찬가지다.

예를 들어 접객 현장에서 바로바로 주문을 받지 않아 손님의
기분을 상하게 만든 종업원이 있다고 하자.

그때 당신이 그 부하 직원의 실패 원인을 밝히지 않고 그대로 방치한다면 어떻게 될까? 아마도 그는 또다시 같은 실패를 반복할 것이다. 이는 실패의 '재현성'을 경시했기 때문에 발생한 실수다.

이해를 돕고자 내가 경험했던 에피소드를 하나 소개해 보기로 하겠다.

## 에이스 사원이 실패한 의외의 이유

나는 실업가로 컨설팅 회사를 경영하고 있다.

어느 날 중요한 고객이 내게 직접 클레임을 걸어왔다.

"한 달이 넘도록 해결의 실마리조차 찾지 못하고 있다니, 도대체 어떻게 된 겁니까?" 하고.

나는 도대체 무슨 일이길래 저리도 화가 났을까 싶어 고개를 갸웃거렸다.

담당자인 A 씨는 회사에서도 신임이 두터운 베테랑 사원이다.

그런데 사실은 예전에도 비슷한 클레임을 받은 적이 있다. 물론 그때는 본인도 문제점을 인지하고 있었기에 몇 분간의 면담으로 넘어갔었다.

이번에는 나도 근본적인 문제가 있을지도 모른다는 생각에 바로 고객에게 전화를 걸어 경위를 묻고 사과했다. 동시에 A 씨를 불러 상황을 들어 봤다.

역시나 짐작했던 대로 처음부터 고객의 요구와 A 씨의 대응이 일치하지 않아 문제가 생겼음을 알았다.

당사와 같은 컨설팅 회사의 경우 고객은 무조건 실행과 결과를 결부시켜 요구한다. 자체적으로도 하려면 할 수 있는 일을 굳이 비용을 들이면서 외주를 주는 것이니 당연하다면 당연하다.

한편, A 씨는 컨설팅을 위한 조사와 사전 준비에 공을 들이는 타입이다. 꼼꼼하게 시장조사를 한 뒤 고객에게 문제 해결에 필요한 자료 제공을 요청하면서 그와 관련한 요구 항목을 하나하나 적어서 메일로 보냈다고 했다.

본인 말대로 초동 대처는 나무랄 데 없었다. 오히려 컨설팅 회사의 정석이라고 할 수 있는 자세다.

하지만 이러한 대응이 도리어 고객의 화를 부추기고 말았다. "사람이 부족해서 회사 안에 문제를 처리할 만한 사람이 없다.", "가능했다면 해도 벌써 했을 텐데, 그러질 못해서 그쪽 회사에 의뢰한 거 아니겠느냐?"라는 게 고객의 입장이었다.

나는 즉시 A 씨에게 지금 당장 할 수 있는 문제 해결에 착수하여 신뢰 관계를 구축한 후 자료든 데이터든 요청하도록 새로운 방침을 지시했다.

문제 해결을 위한 자료를 모으는 것은 매우 고도의 작업이다.

예전 같으면 상대방에게 자료를 요청하는 것은 아무런 문제가 되지 않았다.

하지만 지금은 인력 부족이 심각하다. 자료 요청을 고집하다가는 일이 진척되지 않는다.

그래서 방침을 바꿨더니 상대방의 화도 누그러졌고 프로젝트도 순조롭게 진행되었다.

여러분은 위 사례에 대해서 어떻게 생각하는가?

이 문제의 원인은 A 씨가 실수의 본질을 이해하지 못했고, 더불어 내가 그에 대한 원인 규명을 게을리했기 때문이다. 수십 년의 경력을 지닌 베테랑에 경험도 풍부한 A 씨에게 사전 준비는 중요한 과정이다. 반면에 점점 더 경쟁은 심해지고 시간과 사람은 부족한 환경에서도 고객은 성장을 위해 필사적으로 노력한다.

이 실패의 원인은 양자의 간극을 이해하지 못했던 점에 있었다. 그것을 바꾸지 않는 한, 똑같은 클레임이 앞으로도 계속 나올 수 있다.

## 역경은 당신을 더 크게 성장시키는 발판이 된다

만일 여러분이 같은 실패를 반복하고 있음에도 그 원인을 모르는 경우, 어떻게 대처하면 좋을까?

그럴 때는 "쉬는 것도 투자다."라는 말을 떠올리면서 한 번쯤 차분하게 생각을 정리해 보는 것이 중요하다.

'쉬는 것도 투자'는 말 그대로 쉬라는 의미가 아니다.

계속 질 때는 문제를 파악하기 위해 시장을 잠시 벗어나 장세를 관망하는 자세가 필요하다는 의미이다.

앞서 소개한 매매 이력이나 실패 메모 같은 과거의 기록을 다시 읽어봄으로써 냉정하게 판단할 수 있는 자기 자신을 되찾도록 하자.

또한, 주식투자와는 전혀 상관없이 사생활이나 일 때문에 정신적 문제를 껴안고 있을 때도 되도록 투자는 하지 않는 편이 좋다.

회사 일로 고민이 있다. 집안에 문제가 있다. 애인이랑 다퉜다. 이럴 때는 심한 스트레스로 머릿속이 복잡하다. 머릿속이 복잡할 때는 무리하게 주식투자를 해서는 안 된다.

잠시 잠깐 거래를 쉰다고 해서 주식투자가 당신 눈앞에서 사라지는 것은 아니니, 오히려 그 기간을 이용해 냉정한 판단이 가능한 자신을 되찾고 성장시키는 계기로 만들고자 하는 마음가짐이 필요하다.

　이렇게 지난 일을 되돌아보며 자신을 되찾기 위해, 잠시 멈춰서 그동안 작성해 두었던 매매 기록을 읽어보는 것이다.

 **Check Point**

　'쉬는 것도 투자'를 실천하여 맑은 머리와 평온한 정신 상태로 투자에 임한다.

이익 확정을 위한 비장의 기술

# 마지막의 마지막은 '나만의 규칙'에 따라 매매한다

이길 수 있는 타이밍을 찾아내는 요령

주식투자의 매매 규칙에서 중요한 것은 스스로 결정한 규칙에 따르는 것이다.

자기만의 규칙은 이를테면 다음과 같다.

- 큰 이벤트가 발생하기 전에 이익을 확정한다.
- 고가 저항선이 고가를 깼다면 일부를 이익 확정한다.
- 처음에 짠 투자 시나리오의 기초가 무너지면 손절매한다(손실 확대 방지).
- 아무리 컨디션이 좋아도 분할 매매를 철저히 한다.

물론 사람에 따라 규칙은 다르기 마련이다.

주식투자에서 확실한 것은 뭐 하나 없다. 항상 눈앞의 현실을 받아들이면서 '재현성×기대치'로 생각할 수 있도록 하자. 그러기 위해서라도 반성과 개선을 통해 다음번의 '이기기 위한 타이밍'을 추구해야 한다.

1%라도 이기는 타이밍에 매매를 시작하기 위해서 1%라도 이길 수 있는 재현성을 추구하는 것이다. 결과적으로는 그것이 계속 이기는 투자자가 되는 지름길이다.

주식 매매에서 확실하게 이기는 방법이라는 건 절대로 없다.

그래도 자신이 정한 규칙에 따라 매매를 반복하다 보면 반드시 이길 수 있는 타이밍을 발견할 수 있게 된다.

그러므로 자신감과 신념을 갖고 이기기 위한 규칙을 추구하며 리스크를 확실히 관리하고 마음을 다스려 보자. 그것이 결과적으로 주식에서 계속 이기는 투자 방법이라고 나는 믿고 있다.

 **Check Point**

100% 이기는 기술은 없다. 시행착오(trial and error)를 반복하며 자기만의 매매 규칙을 찾자.

## 제7장

# 욕망을 제어할 줄 아는 사람 만이 투자를 제압한다

'최강 멘탈 기술' 베스트 10

투자와 멘탈

# '지지 않는 것'은 '이기는 것' 이상으로 중요하다

욕망과 초조감을 이겨내는 방법

여기서 한 가지 여러분이 기억해야 할 것이 있다.

주식에서 이기는 투자자가 되려면 이기기 전에 먼저 지지 말아야 한다.

주식시장에는 이기는 투자자와 지는 투자자의 두 부류밖에 없다. 애매한 선 긋기가 존재하지 않는 가혹한 세계다.

이기기 위한 투자 방법만 쫓다 보면 '자신의 리스크 관리에 소홀해지고', '자금 이상의 레버리지를 쓰게 되며', '아직 충분히 싼 지점까지 내려가지 않았는데 매수하고 마는' 등의 실수가 빈번히 발생하게 된다.

그러한 자신의 욕망이나 승리를 추구하는 것에만 안달하는 것을 억제하기 위해서는 이기는 것보다 지지 않는 투자자를 목표로 삼는 것이 중요하다. 이기는 방법을 선택하기 이전에 지지 않는 투자자로서의 선택을 우선하는 것이다.

내 경험상 한번 자산을 잃으면 주식투자로 다시 같은 자금량으로 회복시키기까지 두 배 이상의 시간이 걸리고 정신적으로 큰 부담이 된다. 더욱이 자금량 이상의 레버리지를 걸었다가 시장에서 퇴출되는 상황이 되면 부활이 매우 어렵다는 점을 염두에 두고 '망설여질 때는 먼저 지지 않기 위한 노력'을 명심하길 바란다.

액셀 페달만 밟아대기보다 가끔은 브레이크를 밟아줘야 운전이 쉬운 것과 마찬가지다. 그래도 인간은 자신의 욕망이나 초조감을 좀처럼 극복하지 못한다.

그래서 이번 장에서는 자신의 멘탈을 통제하는 방법을 배워 나가고자 한다.

계속 이기는 투자자는 '지지 않는 것을 우선하는 투자자'이다. 지지 않는 투자자는 자신의 마음을 통제할 수 있는 기술을 알고 있는 투자자이다.

 **Check Point**

이기기보다 지지 않는 것을 우선하는 투자자를 지향한다.

POINT
38

욕망을 제어하는 방법

# 두 번 다시 같은 실패를 반복하지 않기 위한 '실패 메모'

## 실패 원인을 시각화하자

투자에는 실패가 따라다닌다. 실패하면 그때마다 원인을 밝혀 같은 실패를 반복하지 않도록 개선해 나가자.

나도 그렇지만 투자에서 계속 성공하기만 하는 사람은 없다.

투자 경력만 50년이 넘는 '투자의 신'들도 실패는 한다. 투자 경력에 비례해서 오히려 여러분이 실패한 횟수보다 많을 수 있다.

그렇다면 구체적으로는 어떤 방법이 있을까?

나는 자신이 실패한 타이밍이나 트레이딩 방법을 리스트화하여 '실패 메모'로서 노트에 정리해 두고 있다.

제6장에서 소개한 '매매 노트'는 그 종목을 사는 이유, 경제 상황이나 이익 확정 등을 기록하는 데 사용했는데, 한편 '실패 메모'로는 실패한 내용과 그때의 감정 변화를 적어 두고 있다.

이것은 내가 실제로 반복하고 있는 실패의 재현성을 가능한 한

줄이는 방법이다.

주식투자는 기본적으로 매일 이어지는 것이다. 아차 하면 시간의 흐름 속에서 멈추거나 되돌아보는 일에 소홀해지기 쉽다.

그래서 나는 강제적으로 자신을 멈추기 위해 실패 메모를 활용하고 있다.


실패 메모를 기록하는 방법은 간단하다.

먼저 실패 메모는 당신의 투자 실패를 모아놓은 '실패 모음집'으로 삼는다는 것을 대전제로 기록한다.

자신의 욕망을 통제하지 못하고 승부를 크게 걸고 마는, 이른바 '미결제약정의 과잉 보유'는 누구에게나 일어나는 일이다.

그때 왜 욕망을 억제하지 못했는지, 그때의 감정 변화는 어땠는지, 시황이나 경제가 자신을 그렇게 만든 것은 아닌지, 사생활은 어떠했는지, 어떻게 하면 같은 실패를 반복하지 않고 끝낼 수 있는지 등을 조목별로 기록해 둔다.

또, 큰 손실을 봤다면 그 옆에 메모 수준으로 종목명, 매입 결정 이유 등 매매의 경위와 실패 확정 금액, 손절매 시의 심경까지 기록해 둔다.

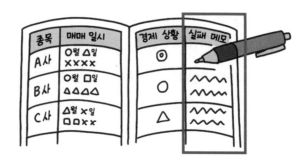

| 종목 | 매매 일시 | 경제 상황 | 실패 메모 |
|------|---------|---------|---------|
| A사 | 0월 △일 ×××× | ◎ | |
| B사 | 0월 □일 △△△△ | ○ | 〰〰 |
| C사 | △월 ×일 □□×× | △ | 〰〰 |

## 투자자 인생 최대의 실패

투자 경력이 23년쯤 되다 보니 그동안 실패도 많았다. 주식 거래 횟수가 독자 여러분의 100배는 될 테니 단순 계산으로 실패 횟수도 100배는 될 것이다. 사소한 판단 실수에서 비롯된 실패도 있는가 하면 자기 자신을 과신했거나 너무 욕심을 부리다가 벌어진 대실패도 있다.

일례를 들면, 내가 투자를 시작한 지 10년 차쯤 되었을 때 다이이치추오키센(第一中央汽船)에 많은 돈을 투자했던 적이 있다. 당시 다이이치추오키센은 실적 악화로 인해 저가가 무너져 엄청난 하락세를 형성해 나가는 중이었다.

물론 그전에도 여러 차례 지지선의 저가가 무너지는 일이 있었고, 그때마다 매입해 두면 결국 반등하여 크게 이익을 낼 수 있었기에 나는 오히려 더 강경하게 매수하는 편이었다.

이유는 또 하나 더 있다. 당시 해운 주식은 시황이 나빠 섹터 전체가 적자 결산이 이어지고 있었다.

그중에서도 다이이치추오키센의 실적 악화는 눈길을 끄는 측면이 있었는데, 본래라면 투자를 주저할 만한 결산 내용이었다.

하지만 그룹 톱에 대형 해운 업계의 거물인 '상선 미쓰이'가 있었으므로 여차하면 천하의 미쓰이 재벌이 돕겠거니 하는 안일한 생각을 했다. 오히려 싸게 살 기회라며 대수롭지 않게 생각했다.

실제로 당시 뉴스를 봐도 '상선 미쓰이가 도울 것이다'라는 억측이 언론의 상당 부분을 차지하고 있었던 것으로 기억한다. 다만 사실은 달랐다.


"다이이치추오키센, 파산 절차 개시"

"대주주인 상선 미쓰이는 조용히 관망하고 있다."


어느 날 아침 나는 인터넷 뉴스를 보고 내 두 눈을 의심했다.

결국 그 후에도 상선 미쓰이가 도움의 손길을 내미는 일은 없었고, 이 종목은 상장 폐지되었다.

당시 나의 과신으로 인해 손절매가 늦어진 탓에 입은 손실 금액은 약 1,000만 엔. 지금과 달리 당시 내 자금량의 6분의 1이 손실되었다는 계산이다

그 후 재기를 노리면서 나는 두 번 다시 같은 실패를 재현하지 않겠다고 맹세했다. 그리고 구체적인 대책으로 종목명, 손실액, 그

때의 심정을 메모에 적어 컴퓨터 화면에 붙여두었다.

어떻게 하면 같은 실패의 재현성을 낮출 수 있을지, 여러 가지 시행착오를 거치면서 고안해 낸 게 바로 이 '실패 메모'다.

## 다이이치추오키센이 도산하기까지의 추이

출처: 야후 파이낸스

## 뇌는 '불편한 상황'을 잊으려고 한다

'실패 메모'가 있으면, 실패한 당시의 심경이나 공포심을 간접 체험할 수 있다.

인간의 기억은 '단기 기억'과 '장기 기억'으로 나뉘는데, 나쁜 기억은 사람의 마음에 좋지 않은 영향을 주기 때문에 점점 뇌 속의 해마라는 기억장치로 내몰린다. 재난을 입거나 하는 과혹한 체험을 했던 사람 중에는 사고 당시의 일을 잘 기억하지 못하거나 완전히 기억에서 지워버리는 사람도 많다.

반면에 여행이나 연애 등의 즐거운 기억은 대뇌의 바깥층을 차지하는 대뇌피질에 장기 기억으로 오래 남는다.

일화를 하나 더 소개해 보기로 하겠다.

동일본 대지진이 발생했을 당시 특정 지역의 사람들 모두가 지진 피해에서 살아남는 일이 있었다.

그 사실을 신기하게 생각한 어느 대학 조사팀의 조사 결과, 그 지역에서는 과거 지진 피해를 경험했던 선대의 사람들이 쓰나미가 밀려왔던 위치를 바위 표면이나 오래된 주택 외벽에 선을 그어 표시해 둠으로써 후대 사람들이 경각심을 가지도록 했다고 한다.

그 표시를 항상 봐왔기 때문에 쓰나미가 밀려올 때의 공포를 직접 경험했던 사람들과 똑같이 느낄 수 있었으리라 생각한다.

같은 실패를 반복하지 않으려면 당시의 기억을 고스란히 뇌에 간접 체험시킨다. 이러한 기억의 장치로서 실패 메모는 분명 도움이 될 것이다.

## 매매 기록을 노트에 기록하는 세 가지 이점

앞서 소개했듯이 매매 기록을 노트에 적어 두는 방법도 권장한다.

왜 이러한 실천이 필요한지, 그에 따른 장점은 다음과 같다.

먼저 첫 번째는 주식을 사는 이유를 자신의 말로 설명할 수 있다.

실패 원인을 되돌아보고 그것을 자신의 말로 하지 못하는 것은 문제가 있다. 왜냐하면 대부분의 주식 초보자가 SNS 등의 정보나 인터넷상의 뉴스를 믿고 주식을 사기 때문이다. 그런 식이면 이기든 지든 분석을 하래야 할 수가 없다.

주식투자를 할 때 자신이 어떤 종목을 왜 매수하는지 이유를 적어 두면 실패했을 때 그 원인을 규명할 수 있으며, 더불어 자기 책임하에 매매하고 있음을 자각할 수 있다.

두 번째는 냉정하게 판단하여 매매할 수 있다.

주식투자를 하다 보면 갑자기 가격이 하락하거나 불안감을 주는 재료가 나타날 수 있는데, 그럴 때도 매매 투자에 관한 시나리오를 확실히 기록해 두면 다시 한번 원점에서 매수 판단이 옳았는지 아닌지 멘탈 관리나 자금 관리를 할 수 있게 된다.

그리고 세 번째는 자기 자신을 되돌아볼 수 있다는 점이다.

거듭 말하지만, 주식투자는 재현성을 높여 가는 과정을 반복하는 게임이라고 할 수 있는데, 그런 가운데서도 실패를 되돌아보며 같은 잘못을 반복하지 않는 것이 중요하다.

**Check Point**

누구나 실패는 한다. 두 번 다시 같은 실패를 하지 않기 위한 구조 만들기가 중요하다.

# POINT 39
## '손절매'는 어렵지 않다

항상 되돌아봐야 할 '다섯 가지 포인트'

자신의 매매기법을 중시하면서 매매 당시 있었던 경제 관련 사건 등을 통해 자신이 어떤 심리 상태에 놓였었는지를 되돌아보고, 그러한 과정을 소중히 여기다 보면 한 가지 중요한 사실을 깨닫게 된다.

그것은 바로 '싸게 사서 비싸게 판다'의 기본 규칙과 처음에 생각했던 투자 시나리오만 확실하다면 '손절매'는 필요한 때만 한다는 원칙이다. 그렇다고 해서 '손절매를 하지 말라'는 얘기는 아니다. 그럼 좀 더 자세히 살펴보기로 하자.

손절매는 매입가보다 내려간 손실을 껴안고 있는 상태에서 보유한 주식 등을 매도하여 손실을 확정하는 것을 말한다. 요컨대 '패배'를 의미한다.

대부분의 주식 책을 보면 "주가가 10% 하락하면 손절매하라." 또는 "25일 평균 이동선을 밑돌면 손절매하라."라고 쓰여 있는데, 이는 명확한 기준을 제시하고는 있는 것처럼 보이나 그때의 경기 동향 또는 당신이 얼마에 그 주식을 샀느냐에 관해서는 기본적으로 등한시하고 있다고 볼 수 있다. 이래서는 보편적인 투자법이라고 말할 수 없다.

한편, 내가 중시하는 손절매 포인트는 다음 다섯 가지이다.

(1) 그 종목을 매입한 이후의 경제 상황이 어떻게 변화했는가?
(2) '싸게 사서 비싸게 판다'는 기본 규칙을 지켰는가?
(3) 처음에 생각했던 투자 시나리오의 전제 조건을 뒤엎는 악재가 나타났는가?
(4) 처음에 생각했던 투자 시나리오를 다시 한번 재검토할 필요가 있는가?
(5) 세계적 대폭락이 일어나, 모든 종목이 1~4와 상관없이 하락세로 접어들었는가?

(5) 번의 경우는 임시방편적으로 당장에 손절매한다. 여기엔 금융시장의 폭락뿐 아니라 천재지변, 전쟁, 분쟁 등의 불가항력적 사

건도 포함된다.

미국의 동시다발 테러나 이라크 침공과 같은 사건처럼, 아무리 치밀한 시나리오를 짜서 투자했다고 해도 회피할 수 없는 돌발적인 사건은 반드시 일어난다. 단지, 모두 심리적인 측면의 급락이 대부분이므로, 기본적으로는 사람들이 평정심을 되찾으면 주가는 다시 원래 가격으로 회복된다.

그러므로 나는 먼저 고배당 목적이거나 중장기적으로 보유할 종목만 그대로 홀딩하고, 다른 종목은 한차례 손절매했다가 최저가 부근에서 다시 매수하고 있다.

## 차트를 계속 보다 보면 손절매 포인트를 알 수 있다

다시 말해 내게 손절매는 마지막 수단으로, 처음부터 손절매하는 일이 없도록 '싸게 사서 비싸게 판다'는 규칙을 철저히 지키고 있다는 얘기다.

또한, 차트를 꼼꼼히 확인하면 손절매 포인트를 어느 정도는 짐작할 수 있다.

얼핏 보기에 차트에는 법칙성이 없어 보이지만, 그것은 오해다. 차트를 제대로 추적하면 몇 년간에 걸쳐 비슷한 움직임을 보인다는 사실을 알 수 있다. 주가의 움직임은 상승, 보합, 하락이라는 세 가지 패턴의 조합밖에 없다. 이러한 패턴의 축적이 바로 차트이며, 그것을 몇 년이고 반복해서 '주가의 변동'이 되는 것이다.

불규칙하게 보이는 차트도 먼저 이 포인트를 포착하는 것이 중요하다.

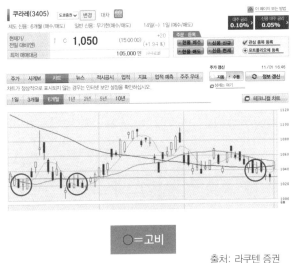

출처: 라쿠텐 증권
(2021년 11월 1일 시점)

이어서 차트를 잘 살피다 보면 앞 그림의 빨간색 동그라미로 표시한 '고비'라고 불리는 포인트가 있음을 알 수 있는데, 앞서 설명한 고가 및 저가 부근, 즉 추세선의 하한 근처를 말하는 것이다.

이 부근에서 차트는 엎치락뒤치락하거나 반대로 위로 상승하거나를 반복한다.

## Check Point

차트를 잘 살펴보면 손절매 포인트를 어느 정도 짐작할 수 있다.

투자 전략 시나리오 ①

# 과거의 패턴에서 다음 동향을 예측한다

확인해야 할 세 개의 선

주가 움직임의 경향이 보이기 시작했다면, 다음은 '차트의 움직임'을 예측해 보자.

방법은 간단하다. 차트를 한눈에 쓱 보기만 하면 된다.

앞서 소개한 고가 저항선이나 저가 지지선의 고비 근처에 오면 주가가 어떠한 움직임을 보일지 예측해 보는 것이다.

그 패턴을 이용해 이익 확정 시나리오는 물론이고 만일의 경우를 대비해 손절매 포인트를 생각해 둔다. 나라면 처음에 예상했던 저가 지지선이 크게 무너졌을 때 손절매한다.

이처럼 차트를 살피면서 사전에 사고파는 시점에 대한 스토리를 구축해 두는 것을 '투자 전략의 시나리오 세우기'라고 한다.

이는 비단 주식투자에만 국한된 것이 아니다.

7장 | 욕망을 제어할 줄 아는 사람만이 투자를 제압한다    209

여러분의 일상 업무에서도 전년도 매출 수치나 계절별 변동을 참고하고 있을 것이다.

예를 들어 당신이 꽃집 종업원이라고 가정했을 때 "지난달에는 해바라기가 이 정도나 팔렸으니 이번엔 조금 더 들여놔야겠다.", "올해 크리스마스에는 작년보다 더 많이 선물용 부케를 준비해 둬야지." 하고 생각하면서 일할 것이다.

나도 경영자이므로 마찬가지이다. "지난해 매출은 이 정도였고, 특히 봄부터 여름까지는 예산 편성을 위한 문의가 많았다.", "그러니 올해도 이 시기에 광고를 많이 내자."는 식으로 과거의 경험이나 패턴을 참고하면서 예산이나 전략을 세운다.

물론 지금까지가 그렇다고 해서 앞으로도 똑같이 진행되는 것은 아니다.

투자도 비즈니스이므로 마찬가지다. 다만 알기 쉬운 패턴이 있다면 그것을 응용하지 않을 이유가 없다.

특히 고가 저항선과 저가 지지선은 재현성이 높으므로, 이를 이용하면 투자 시나리오의 매매에 참고할 수 있다.

실제로 이 두 가지를 활용한 매매 연습을 반복하다 보면 기술이 향상된다. 우선은 서두르지 말고 차분히 대처해 보자.

 **Check Point**

차트를 기반으로 미래 투자 전략을 수립한다.

투자 전략 시나리오 ②

# 매매의 '형태'를 확립한다

'벌레의 눈'과 '새의 눈'을 갖자

차트에서의 재현성은 '매매의 형태'라고 볼 수 있다.

자신의 투자 방법을 확고하게 세워두면 예측이나 성장이 확실히 빠르다.

고전 무술이나 격투기에는 모범이 되는 형태 또는 경기 스타일이 존재한다.

초보자는 먼저 기본 형태를 배운다. 그런 다음 모범 기술이나 사범의 동작을 보면서 프로의 경기 스타일에 맞춰 비슷하게 흉내 내며 기술과 동작을 발전시켜 나간다.

주식투자도 이와 마찬가지다.

내 경우는 먼저 월봉을 토대로 자신이 거래에 참여하고자 하는

212

저가 지지선을 확인한다(다음 그림 ①). 이어서 고가 저항선이 어디에 있는지를 확인한다(다음 그림 ②). 고가 저항선은 여러 개인 경우가 많으나 하나로 좁힐 필요는 전혀 없다.

또한, 다시 한번 저가 근처의 움직임을 조사하여 일봉, 주봉, 월봉을 보면서 매매와 손절매의 투자 시나리오를 세운다(다음 그림 ③).

즉, 벌레의 눈(다각적 시선)과 새의 눈(부감적 시선)으로 시세가 오르고 내리는 리듬의 강약을 확인하면서 그 움직임에 맞춰 나가는 것이다.

그리고, 투자 시나리오에서 벗어난 경우는

(4) 처음에 생각했던 투자 시나리오를 다시 한번 재검토할 필요가 있는가?

라는 규칙에 따라, 필요하다면 차트를 보면서 손절매 라인을 결정한다.

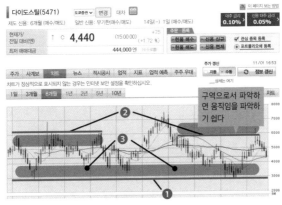

출처: 라쿠텐 증권 (2021년 11월 1일 시점)

 **Check Point**

고가 저항선 부근과 저가 지지선의 움직임을 조사하여, 일봉, 주봉, 월봉을 보면서 매매의 투자 시나리오를 세운다.

# POINT 42

## 불필요한 손절매는 자산을 갉아먹는다

손절매가 필요한 이유는?

지금까지 자세히 소개한 '손절매 규칙'은 다루기 어려운 주제로, 고난도의 기술 또는 개념이라고 할 수 있다.

어렵기에 많은 주식 책에서 8% 규칙, 10% 규칙과 같이 하나로 묶어 설명하고 있는 게 아닐까. 나도 이 주제에 대해서만큼은 솔직히 그러고 싶다(웃음). 그만큼 손절매는 방법을 설명하기도 어렵지만, 그 기술 습득 역시 어렵다.

다만 주가가 하락했다고 해서 무조건 손절매를 반복하다가는 자산만 축낼 뿐이다. 모처럼 이 책을 읽고 방법을 실천해 나가는 가운데 자신의 투자 시나리오를 소중히 여기는 법을 배웠다면 '매수한 이유가 사라졌을 때는 손절한다', '사라지지 않았다면 손절하지 않는다'라는 판단 기준도 마련해 둬야 개인투자자가 총자산을 크게 탕진하지 않을 수 있다고 생각한다.

애초에 손절매가 필요한 이유를 여러분은 생각해 본 적이 있는가?

이유는 다음과 같다. ①계속 하락하는 주식을 가지고 있어 봐야 전혀 오르지도 않고 자산을 축내기만 할 뿐이다. 더불어 ②종합적으로 자금 회전율이 하락한다는 대전제가 있기 때문이다.

이 두 가지를 전제로 손절해야 자산을 불리는 속도가 빨라지며, 어쩔 수 없는 장기 보유로 인한 자금 회전율의 악화를 막을 수 있다는 얘기다.

그런데 '저점에 산다'는 규칙을 철저히 지켰다면 어떨까? 오르지 않는다고 단정할 수만은 없다. 회복해 가는 투자 시나리오를 전제로 하고 있다면 그대로 계속 보유하는 편이 결과적으로 자산을 지키는 일이 된다.

즉, 일시적으로 주식시장이 폭락하여 주가가 하락해도 향후 회복될 것으로 보이는 시나리오가 그려진다면 그 종목을 계속 보유해도 좋다는 말이다.

하지만 신용매매나 레버리지를 이용해 투자할 때는 증거금률 등을 고려할 필요가 있으므로, 그 점은 유의하자.

손절매로 인해 자산을 잃지 않도록 투자 시나리오를 확실하게 세
우자.

손절매와 멘탈의 관계성

# 절대 지지 않는 투자자의 '손절매'

손절매를 잘하는 세 가지 요령

궁극적으로 주식투자를 통해 자산을 창출하기 위해서는 손실을 확대하지 않는 것이 중요하다.

안타깝게도 상황에 따라서는 개인투자자도 손절매할 필요가 있다. 여기서는 유사시 손절을 잘하는 요령과 내 나름의 방법을 전수하고자 한다.

손절매 요령 ① 패배를 인정하는 투자자가 된다

손절매가 어렵다는 사람이 의외로 많다.

먼저 손절매를 잘 할 수 있게 되는 첫 번째 단계는 주식으로 100% 이길 수 없다고 인정하는 일이다. 이 책의 제목과 모순되는 점은 있으나 '패배'를 인정하는 것이다.

실제로 주식을 하다 보면 큰 손실을 보거나 주가가 예상과는 반대로 움직여 자금이 점점 줄어들기도 한다.

그럴 때는 주식으로 100% 이길 수 없다는 사실을 인정한 후 손절매를 단행할 필요가 있다. 인간은 어차피 미래를 전부 예측하지 못한다. 그것은 전문투자자도 마찬가지다. 투자 인생 50년이 넘는 베테랑 투자자라고 해도 주가의 움직임을 정확하게 예상하지는 못한다.

'100번의 트레이딩에 100번 다 이기는' 일은 있을 수 없음을 인정하고, 처음의 확신을 해소하지 않으면 손절매가 서툰 투자자가 되고 만다. 패배는 패배로 인정할 수밖에 없다. 그 후에 실패한 원인을 찾아 자신의 트레이딩 방법을 성장시켜 나가야 한다. 이처럼 감정에 좌우되지 않는 냉정하고 이성적인 판단을 하는 것도 중요하다.

오히려 투자자로 성장하기 위해서는 손실이 필수적이라고 해도 과언이 아니다.


손절매 요령 ② 가계 자금과 분리한다

두 번째 요령은 손절매로 인한 손실을 가계 운영 자금과 분리하여 생각하는 것이다.

손절매할 때는 "이 돈이면 고기 사 먹을 수 있는데…" 또는 "가족이랑 해외여행 갈 수도 있겠는데~" 하고 평소 생활과 연결하여 생각하기 쉽다.

그렇게 되면 좀처럼 손절매를 할 수 없다. 가능한 한 일상생활과 분리하여 비즈니스 범위의 필요 비용으로 생각하도록 하자.


손절매 요령 ③ 손실액을 사전에 정해 둔다

세 번째는 손절매에 따른 손실을 사전에 정해 두는 것이다.

손실에 대해서 처음부터 예상해 두지 않으면 심리적으로 받아들일 수 없는 일이 벌어질 수 있다.

그래서 가령 300만 엔으로 트레이딩을 한다면 10%인 30만 엔까지는 필요 비용으로 생각하고 만일을 대비해 손실액으로 설정해 두는 것이 좋다.

이렇게 '비용으로 생각하는 것'은 비즈니스나 경영에서도 당연한 일이다. 10%인 30만 엔까지의 손실은 수익 창출을 위한 비용인 셈이다. 이러한 사실을 이해하고 손실액을 사전에 예상해 두도록 하자.

그러면 자기 의지와 상관없이 손실 확정 리스크가 발생했을 때도 마음을 다스릴 수 있으므로 대미지를 줄일 수 있다.

 **Check Point**

100% 이기려 하지 않아도 된다. 패배를 인정하는 투자자가 되자.

손절매 시의 주의점

# 손절매에 절대적인 규칙은 존재하지 않는다

손절매가 불리하게 작용할 때도 있다

내가 거의 매일같이 업데이트하고 있는 유튜브나 증권사 초청 세미나에서 나오는 질문 중에 1, 2위를 다툴 정도로 많은 것이 바로 '손절매 규칙'에 관한 내용이다.

이 책을 읽고 있는 독자 여러분도 어쩌면 손절매 때문에 골머리를 앓고 있을지 모르겠다.

언제 어느 타이밍에 손절매하면 되는지 알 수가 없으니 말이다.

즉 거의 모든 투자자가 손절매에 대해서는 여전히 명확한 답을 찾지 못하고 있다는 얘기다.

실제로 해보면 알 수 있겠지만, 앞서 서술한 대로 손절매 규칙의 설정은 매우 어려운 주제이다. 계속 손절매하다가 원금마저 날려

버린 독자도 많을지 모른다.

다음은 의외로 잘 알려지지 않은 맹점이라고 할 수 있는데, 예를 들어 데이 트레이더가 8%, 10%라는 손절매 규칙을 설정한다고 해서 똑같이 따라 해봐도 이기지 못할 수 있다.

방법 자체는 틀렸다고 할 수 없지만, 근본적으로 여러분 각자의 투자 스타일과 다를 수 있으므로 주의해야 한다.

매우 중요한 부분이므로, 이번 장의 결론으로서 좀 더 자세히 설명할까 한다.

## 투자 스타일에 따라 손절매 규칙은 달라진다

먼저 각자의 투자 스타일, 자신 있는 매매 방법이 어떤 것인지 확실하게 정해야 한다.

데이 트레이더는 무슨 일이 있어도 다음날로 미루지 않고 그날 안에 손절매한다는 규칙에 따라 거래한다. 그러려면 8%나 10% 혹은 3%와 같은 엄격한 손절매 규칙이 필요하다.

반면에 중장기적으로 투자하는 개인투자자의 경우는 너무 이른 손절매 규칙이 걸림돌이 되기도 한다.

나는 앞서도 말했듯이 '확실하게 투자 시나리오를 짠 후 주식을 사고, 시나리오에 대한 확고한 믿음이 있을 때는 손절매하지 않는다', '시나리오가 틀어지면 손절매한다'라는 취사선택의 규칙을 마련하고 있다. 오히려 주가가 하락하면 주식 보유량을 차

츰 늘려나가는, 앞서 소개했던 '분할 매매'로 전환할 때도 있다. 물론 주가가 내려가면 내려갈수록 미결제 거래 잔고가 늘어나고 그에 따라 손실액도 커지므로, 분할 매매로 인해 보유고가 쌓이면 불안해질 수도 있다.

하지만 그런 경우라도 자신이 세운 시나리오를 믿는다면 예상이 맞아떨어져서 주가가 반등하여 회복되는 만큼 큰 이익을 얻을 수 있다.


또한, 대형 기관이 흔히 이용하는 기술 중 하나에 공매도인 '대량 매도'가 있다.

이것은 대규모 공매도를 통해 유망 종목의 주가를 일시적으로 낮춘 후 싸게 매수하여 이익을 내는 방식이다.

이런 세력이 존재한다는 사실을 모르는 투자자는 "가격이 하락한 이유를 모르겠다.", "재정이 양호한데 이상하다."라는 궁금증을 지닌 채 그저 규칙에 따라 손절매를 계속해 나간다.

하락이 일시적이냐 아니냐.

이 점을 염두에 두고 최종적으로는 (1) 손절매 (2) 분할 매매, (3) 장기 보유라는 세 가지 선택지에서 냉정하게 판단해 나가는 것이 중요하다.

선택지는 손절매 말고도 있으니 말이다.

즉, 내가 여기서 여러분께 강조하고 싶은 것은 손절매보다 '자금 관리'가 중요하다는 사실이다.

지금까지 소개한 '싸게 사서 비싸게 판다', '시장의 왜곡', '재현성', '소액에서 시작한다', '시험적 매매', '분할 매매', '투자 시나리오', 이 무기들을 구사하여 투자하는 것이다.

 **Check Point**

손절매보다 먼저 자금 관리가 중요하다고 생각하자.

투자의 함정

# 여러 종목으로 분산한다

"계란을 한 바구니에 담지 마라!"는 옳다

자금 관리라는 측면에서 볼 때 '한 바구니에 모든 자금을 쏟아붓는' 방법은 위험하다. 보유하고 있는 주식 중 하나가 도산해도 견딜 수 있는 투자를 하려면 여러 종목으로 분산하여 투자해야 한다.

"그 어떤 일류 대기업이라도 맹신하거나 과신해서는 안 된다."

이것은 내가 종목을 선택할 때 가장 중요하게 여기는 나만의 규칙이다.

심지어 도요타조차 파산하지 않을 거라고 장담할 수 없는 것이 바로 주식투자다.

그러므로 일류 기업의 주식이라고 해도 맹신하지는 말자.

미래에는 어떤 일이 있을지 알 수 없다. 실제로 나는 이미 소개한 다이이치추오키센이나 에어백을 제조 판매하는 타카타라는 회사의 주식으로 커다란 손실을 본 적이 있다. 그야말로 자신의 규칙조차 무시하고 한 종목에 800만 엔, 1,000만 엔을 투자했다가 거의 잃고 말았다.

당시 타카타는 부채 없는 무차입 경영을 지속했던 우량기업이었다. 그런데 에어백 파열로 인명을 앗아가는 대형 사고를 일으킨 지 불과 몇 년 안 되어 도산했다.

만일 그때 내가 타카타 주식에 올인했다면 지금 이렇게 책을 쓰고 있지는 못했을 것이다.

결과적으로 '여러 종목에 분산 투자해서 그나마 살아남을 수 있었다'고 할 수 있다.

투자자는 손절매로 인해 자금을 잃어도 다시 시작할 수만 있다면 노력하는 만큼 회복될 수 있다. 그러기 위해서 여러분은 이 책을 통해 이기기 위한 '재현성'을 배우는 것이다.

"계란을 한 바구니에 담지 마라!"라는 격언을 아무쪼록 잊지 말고 실천하도록 하자.

 **Check Point**

**한 종목에 쏟아붓는 투자는 절대 해서는 안 된다.**

## POINT 46

# 현금을 가지고 있으면 급락에도 당황하지 않는다

### 때로는 돈을 그냥 놀려라

유망한 주식 종목이 없을 때는 '현금을 계속 가지고 있는' 것도 중요하다.

주식투자에 익숙해지다 보면 무심코 자금 회전율을 신경 쓰거나 지금 벌지 않으면 아깝다는 과도한 욕망에 사로잡혀 왠지 주식을 갖고 있지 않으면 불안한 심리 상태가 되어 간다.

하지만 리먼 사태와 같이 거의 모든 종목이 몇 개월간 계속 하락하는 상황은 앞으로도 충분히 일어날 수 있는 일이라고 나는 생각한다.

그럴 때 풀포지션(full position: 현금을 보유하지 않고 모든 자금을 금융자산에 투자하는 것), 풀레버리지로 주식을 가지고 있다가는 자산을 축내기만 할 뿐이다.

반대로 현금 보유율이 높으면 쌀 때 주식을 매집해 나갈 수 있다.

전망이 불투명할 때는 충분히 투자할 만한 종목이 없을 수 있다.

이럴 때도 급락 시 자산을 크게 줄이는 요인이 되므로, 현금 보유율을 높여 '기다리는' 것이 훌륭한 투자 전략의 하나가 된다.

매매 노트에 적어 놓을만한 '매수 이유'가 없다면 주식을 사지 않는다.

앞으로의 투자 시나리오를 명확히 그릴 수 없다면 용기를 가지고 시장에서 거리를 둔다. 즉 '기다리는 것'을 선택하여 투자하지 않는다.

## 영업맨과 투자자의 결정적 차이

타인의 돈을 맡아 운용하는 전문투자자나 펀드사의 트레이더는 항상 이익 창출이 요구된다. 회사의 영업사원이 "지금은 경기 전망이 안 보여서 영업을 하지 않습니다."라며 말도 안 되는 소리를 해서는 안 되는 것처럼, 앞날이 불투명하다고 해도 그들은 돈을 그냥 놀려서는 안 된다.

한편, 우리 개인투자자는 본인의 자산을 자유롭게 투자할 수 있다. 현금을 보유한 상태로 기회가 올 때까지 기다리는 선택도 할 수 있다는 얘기다.

  내 친구 중에는 평소 증권계좌에 현금을 넣어두고 블로그 광고
를 통해 돈을 벌면서 1년에 한 번 폭락 시에만 '이때다' 하고 대량
의 매수 주문을 넣어 몇 년 치의 생활비를 버는 전문 트레이더도
있다. 이 경우 역시 굳이 말하자면 개인투자자이기에 가능한 투자
법이다.
  개인투자자에게만 주어진 '기다림'이라는 모처럼의 특권이 있는
데 그것을 활용하지 않는 것은 아까운 일이다.
  즉 어떤 방법이 당신의 재현성을 유지할 수 있는지, 승률이 높은
방법인지, 끊임없이 추구해야 한다.
  그리고 그에 대한 답은 여러분 자신이 지금부터 찾아내야 한다.

 **Check Point**

  '기다림'은 개인투자자이기에 가능한 특권이다.

# 비법 전수!

이기는 투자자가 되기 위한 철칙 모음집

주식에서 이기기 위한 기본적인 생각과 기술적 투자 비법에 대해서는 모두 전수했다. '재현성', '기대치', '자금 관리'와 멘탈 관리에 이르기까지 모두 중요한 요소이므로 잊지 말자.

마지막으로 위기에 강한 투자자가 되기 위한 힌트를 소개하겠다. 회사 업무든 학교 공부든 모든 것에 공통하는 개념이다. 능숙함 속에 강함을 숨기고 있는 투자자가 되기 위해서라도 반드시 실천했으면 한다.

## 이기는 투자자가 되기 위한 철칙 ①
## 항상 진검승부

주식투자는 '전쟁을 모방한 세계'와 같다.

커다란 자산을 구축하고자 한다면 비즈니스의 본업과 마주하는 심정으로 진지하게 투자와 마주하자.

'주식을 살 때는 반드시 자신의 언어로 사는 이유를 적어 둔다'라는 규칙도 잘 지키자.

당신이 그 주식을 사고 싶다고 생각한 이유 등, 매매 기록을 조목별로 매매 노트에 작성해 두는 것이 좋다.

## 이기는 투자자가 되기 위한 철칙 ②
# 승부에 졌을 때는 돌이켜보자

승부에 졌을 때는 패배한 장수가 되어 분석에 분석을 거듭하면서 그 실패를 앞으로의 '투자를 위한 양분'으로 삼는 것도 중요하다.

투자의 세계에는 늘 리스크가 따라다니게 마련이다. 리스크가 없는 투자는 없다. 모든 손실을 피할 수도 없다.

하지만 충분한 준비로 피할 수 있는 손실이라면 앞으로 어떻게 해서 같은 실수를 반복하지 않을 것인지를 고민해 봐야 한다.

같은 실패를 반복하다가는 성장이 없고 주식투자의 세계에서 계속 돈을 벌 수 없다. 손실을 발생시켰을 때는 먼저 스스로 원인을 분석해 보자. 같은 실패를 두 번 다시 반복하지 않기 위해서 말이다.

실패할 때마다 원인 분석을 통해 자신의 투자 기법을 갈고닦아 둔다면 그다음부터는 더욱 능숙한 기술로 투자의 세계에서 싸워나갈 수 있다.

중요한 것은 '오늘의 자신보다 내일의 자신이 더욱 성장해 있을 것', '무기가 더 연마되어 있을 것'의 두 가지이다.

실패는 귀중한 성장의 원천이다. 자신의 경험뿐 아니라, 최근에는 책이나 유튜브 같은 타인의 경험을 통해 배우는 방법도 얼마든지 있다.

더욱 빠르게 성장해 나가는 투자자가 되는 것이, 전쟁터나 다름없는 주식시장에서 살아남는 가장 큰 생존술이 된다.

<br>

**이기는 투자자가 되기 위한 철칙 ③**
## 남과 다른 길로 가는 것을 두려워하지 말자

주식 매매 시에는 자신의 욕망에 휩쓸리지 않는 것도 중요하다.

사람은 군중심리에 휩쓸려 움직이는 경향이 있어서 무심코 남과 다른 길로 가는 것을 두려워하게 된다.

한편, 주식투자를 통해 돈을 벌려면 '모두가 팔고자 할 때 주식을 사고, 사고자 하는 사람이 많을 때 팔아서 이익을 취하는' 것이 기본이다.

즉 타인의 심리와는 정반대로 가는 것이다. 타인의 흐름을 거스르는 것을 두려워하지 말자.

# 이기고 있는 사람의 의견을 참고하자

이기고 있는 사람의 의견을 참고하는 것도 필요하다.

어떤 일에서건 성공한 사람의 의견은 참고가 된다.

나도 20년 가까이 회사를 운영하고 있지만, 상장 기업 경영자의 이야기는 많은 참고가 되기에 해마다 대형 신문사가 주최하는 세미나 등을 찾아다니고 있다.

그때만큼은 메모장이 새까매지는데, 여백이 없어 더는 기록할 수 없을 정도로 늘 탐욕스럽게 많은 정보를 흡수하려 하고 있다.


성공한 사람의 방법과 경험, 그리고 특히 실패에는 성공으로 이어지는 힌트와 지식이 가득 차 있다. 그래서 참고할 만한 점이 많다.

물론 책을 통해서도 배울 수 있다.

자신의 투자 스타일이 단타인지 장타인지, 또는 펀더멘탈을 중시하는지 테크니컬을 중시하는지에 따라 여러 차이가 있을 수 있으며, 그것은 어찌할 방법이 없는 일이다.

그럴 때는 제4장에서 설명한 것처럼 모든 사람에게 공통하는 보편적인 규칙만을 선택하도록 하자. 그리고 마음에 드는 방법이 있다면 실제로 그 방법을 따라 해보되 조금씩 소액으로 해보기를 권장한다.

직접 따라 해본 결과 자신에게 맞지 않는 방법이라면 당장 그만두면 그뿐이다.

그러나 그 경험은 자기 손에 들어올 것이다. 실패를 통해 자신의 특기나 방법을 더욱더 이기기 쉬운 방법으로 맞춰 나가거나 여러 가지로 궁리를 계속하는 재료가 되기도 한다.

그러한 노력이나 궁리를 통해 자기 나름의 승리 패턴이 연마되어 이길 수 있는 투자자가 되어 가는 것이다.

물론 사람에 따라서는 실력이 붙기까지 상당한 시간이 걸릴 수도 있겠지만, 서두를 필요는 없다. 성공한 투자자를 통해 배우면서 자기 나름의 성공 패턴으로 바꾸어 나가기를 반복하다 보면 나중에 돌이켜 봤을 때 멀리 돌아왔다고 생각했던 모든 일이 주식투자에서 성공하는 데 꼭 필요한 '등불' 내지 '다리' 혹은 '길'이 되어 있지 않을까.

# 투자 시나리오를 가지는 것이 중요

## 투자도 비즈니스도 기본은 같다!

같은 실패를 반복하지 않는다면 그만큼 기회 손실을 피할 수 있다.

실패하면 돈을 잃는다. 게다가 실패가 계속되면 곧 철퇴를 맞는다. 누구든 가능한 한 실패는 피하고 싶기 마련이다.

그러려면 행동을 취하기 전에 먼저 전략 시나리오를 작성한다. 이것이 중요하다.

먼저 계획을 짜고 실행으로 옮긴다. 그리고 결과를 검증한다.

그다음에는 개선해 나가면서 투자 시나리오를 다시 짠다. 이 사이클을 계속 반복하는 것이 바로 비즈니스에서 말하는 매니지먼트 사이클이다.

나는 투자자이면서 동시에 여러 개의 회사를 경영하는 실업가이며, 구독자 수 약 15만 명의 유튜버로도 활동하느라 몹시 바쁘지만, 오히려 이러한 상황을 즐기고 있다.

그래서 종종 "당신이 하는 말에는 회사 경영자로서의 철학과 스킬이 많이 담겨 있는 것 같다."라는 얘길 듣는다.

그러고 보면 회사 경영자로서 실패를 극복해 나가는 경험은 주식투자에 효과적인 경우가 많은 것 같다.

그 하나가 지금 소개한 매니지먼트 사이클이다.

이 매니지먼트 사이클은 돌리면 돌릴수록 개선력이 강고해지고, 그에 따라 투자 기술도 향상된다. 그런데 사전 계획과 개선이 빠져 있는 투자자가 많다. 그런 사람들은 그저 그냥 닥치는 대로 투자하는 스타일이라고 할 수 있는데, 그런 방법으로는 이 사이클을 아무리 돌려도 투자력이 향상되지 않을뿐더러, 그사이 지칠 대로 지쳐서 돈도 잃게 되는 게 아닐까 싶다.

매니지먼트 사이클의 계획과 개선 포인트는 이미 이 책에서 소개했다. 꼭 반복해서 읽고 습득하길 바란다.

## 초 단위로 개선하자

"초 단위로 개선하라!"

이것도 내가 경영자로서 종종 사원들에게 하는 말이다.

그렇다고 꼭 뭔가를 많이 개선하라는 얘기는 아니다.

내 경험상 1년에 1회 개선하는 사람과 1일에 1회 개선하려고 의식하는 사원을 비교해 보면 성장 속도도 성장 곡선도 전혀 다르다. 경영자로서의 경험에서 나온 얘기다.

결국 사람은 행동뿐 아니라, 개선의 조합을 통해 성장해 가게 마련이다. 개선해 나가는 가운데 정말로 중요한 것, 예를 들면 성공까지의 과정을 재현하는 힘도 배울 수 있다.

초 단위로 개선한다. 그런 마음가짐으로 오늘부터 주식투자를 해보자.

## 복수의 시나리오를 마련하자

투자 시나리오를 여러 개 생각해 두면 유사시에 바로 방향을 전환하거나 손절매를 할 수 있게 된다.

당신에게는 예상대로 상승하는 메인 시나리오가 이상적이겠지만, 일이든 삶이든 자기 뜻대로 되지는 않는 법이다.

나는 창업한 지 그럭저럭 20년 가까이 되는데, 회사를 운영하면서도 뜻대로 풀리지 않는 일들이 종종 있었다.

몇 차례의 면접을 거치면서 서로 뜻이 맞아 채용한 직원이 입사 후 얼마 지나지 않아 퇴사하는 일도 있었고, 잘 되리라는 확신에 차서 열정적으로 시작한 신사업이 불과 한 달 만에 좌초 위기를 맞는 일도 있었다.

마찬가지로 주식투자도 처음 예상했던 대로 흘러가지만은 않는다.

엎치락뒤치락하다가 한없이 곤두박질칠 가능성도 있고, 매입하자마자 악재가 터져서 급락하는 사례도 있으며, 반대로 한차례 바닥을 쳤다가 다시 반등하는 일도 있다.

이처럼 주식투자에도 여러 가지 시나리오 패턴이 있을 수 있다.

그러므로 이러한 불규칙한 사태를 하나하나 예상하면서 자신이 가장 이상적이라고 생각하는 메인 시나리오에 따라 주식투자에 임하자. 혹시라도 메인 시나리오가 빗나갈 경우, 다음의 서브 시나리오는 어떻게 할 것인지, 또 그다음 시나리오는 어떤 식으로 궤도를 수정할 것인지, 최악의 경우를 대비하여 작성한 시나리오로는 어떻게 대응할 것인지를 생각하면서 말이다.

그중 하나가 손절매일 수도 있고 '추가매수'라고 하는 분할 매수가 될 수도 있다.

이와 같이 자신의 시나리오별 대응책을 사전에 정해 두는 것은 전문투자자라면 누구나가 반드시 실행하고 있는 방법이다.

손절매를 할 줄 아는 투자자가 되기 위해서라도 매우 중요한 개념이므로 반드시 기억하자.

## 주가 상승에 들뜨지 말자

평소 업무를 보다가 또는 일상생활을 하다가도 자꾸만 주식의 움직임에 신경을 쓰는 투자자가 있다.

나 역시 주식을 시작한 26년 전에는 그랬다.

특히 주식투자는 경영이나 도박과는 무관했던 사람에게 한 번도 맛보지 못한 달콤한 자극을 준다.

나는 이러한 상태를 가리켜 "주식투자가 비일상을 초래한다."라고 표현한다.

그저 회사와 집을 오가는 평범했던 하루하루가 갑자기 주가 변동에 일희일비하게 되는 것이다. 주가가 오르면 눈앞의 보유자금이 단번에 두 배로 늘어나기도 하므로, 마치 도박에서 돈을 땄을 때처럼 신이 나서 들뜬 하루를 보내는 경우도 종종 있다.

나도 비슷한 경험을 해 봤기에 잘 안다. 초보자에게서 흔히 볼 수 있는 심리 상태라고 할 수 있는데, 이러한 비일상에 흠뻑 젖어서 흥분하게 되면 좀처럼 주식에서 이기지 못한다.

다른 투자자가 파고들 틈을 주는 계기가 되기 때문이다. 주가가 올라도 흥분하지 말자. 그냥 "내가 시장을 이기고 있구나." 정도로 생각을 해야 차분해질 수 있다.

## 먼저 익숙해지자

멘탈이 안정적이지 못하면 주식투자에서 이기기 위한 냉철한 판단을 하기가 어려워진다. 그래서 '멘탈을 안정시키는' 것이 매우 중요하다.

냉정함을 유지하는 데는 익숙해짐이 중요한 요소가 된다.

오래 주식투자를 하다 보면 점점 주식을 매매하는 자극에도 익숙해져서 아무것도 못 느끼게 된다. 주가 급락에도 동요하지 않는다. 당신에게는 주가 급락이 처음일지라도 나는 이미 수백 차례나 경험했던 일이기 때문이다.

나 같은 사람들은 주가 크래시와 같은 급락 상황이 벌어졌을 때 단 하루 만에 500만 엔 가까이 손실을 보기도 한다. 그래도 마음이 안정되기까지의 시간은 불과 3초밖에 안 걸린다. 디지털 화면을 통해 증권계좌의 손실을 확인했다면 바로 1초 후에는 마음을 가다듬고 다음 시나리오를 생각한다.

이렇게 같은 경험을 반복하다 보니 그사이 충격에도 익숙해지면서 다시 곧 일어설 수 있게 되었다.

장세에 휘둘리지 않는 것이야말로 주식으로 승승장구하는 방법이다. 이는 당신이 생각하는 것 이상으로 중요한 일이다.

이기는 투자자가 되기 위한 철칙 ⑩
## 주가가 하락할수록 이기는 투자자가 된다

주가 급락에도 평정심을 유지하는 방법이 또 하나 있다.

하락하면 할수록 이기기 쉬운 시나리오를 가지고 있어야 한다.

급락이나 폭락으로 인해 심장이 벌렁거려 일이 제대로 손에 잡히지 않는다는 사람은 현재 보유하고 있는 주식으로 인한 리스크가 자금 관리를 통해 통제되고 있는지 다시금 확인해 보자.

"여유 자금 전부를 지금 타이밍에 쏟아부었다.", "신용거래로 큰 도박을 걸어 봤다."

위와 같은 사례에 매번 직면하다 보면 심장이 몇 개 있어도 모자란다.

주식투자는 심리전이라고 하는데, 이 말의 의미를 다시 한번 곰곰이 생각해 보자.

남들과 같은 움직임이나 심리 상태로는 주식에서 계속 이길 수

246

없다. 상대방이 초조해할수록 오히려 더 침착해야 한다.

혹시 무슨 뜻인지 조금이라도 짐작 간다는 사람은 다음 목록을 참고하면서 자신의 주식 보유 상황을 다시 한번 살펴보길 바란다.

### 주식 보유 상황 확인 목록 (해당 사항이 있다면 즉시 개선하자)

☐ 지금의 장세를 상대로 복수의 시나리오를 확실히 세워두었는가?

☐ 쏟아부은 투자액이 너무 크지는 않은가?

☐ 주식 수량을 조금 줄이면 심리 상태가 안정되는가?

☐ 주식시장이 내려갈수록 이기기 쉬워지는 시나리오 패턴은 준비되어 있는가?

☐ 주식 매매에 참여하는 타이밍을 지금보다 조금 늦춘다면 유리하게 끌고 갈 수 있겠는가?

☐ 매수 시기를 조금 늦춰야 하는 것은 아닌가?

☐ 리스크 허용 범위를 넘어선 과도한 신용거래를 하고 있지는 않은가?

위에 나열한 체크 항목은 어디까지나 하나의 예일뿐이다. 다른 게 더는 없는지 항상 자신의 주식 보유 상황을 꼼꼼히 확인해 보는 것이 중요하다.

# 돈을 벌 수 있느냐 없느냐는 시장에 달렸다. 자기 자신을 지나치게 압박하지 말자

"이번 달에는 30만 엔을 벌고 싶다.", "올해 안에 주식 수익으로 빚을 갚고 싶다."

이처럼 아주 개인적인 동기나 굳이 자신을 궁지에 몰아넣는 듯한 상태에서 투자를 시작하려는 사람은 이기기 어려운 상태를 스스로 만들어내고 있는 것과 같다. 대단히 위험하므로 그만두는 것이 좋다.

내가 운영하는 유튜브 채널에 종종 다음과 같은 질문을 해오는 사람들이 있다.

"음식점 운영이 힘들어지면서 지푸라기라도 붙잡는 심정으로 투자를 시작했어요."

"아이 교육 자금에 손을 대고 말았는데, 올해 안에 반드시 200만 엔을 벌어야 해요."

"매달 10만 엔씩 이익을 내지 않으면 생활이 어렵습니다."

모두 나름의 사정이 있을 테고, 오죽 답답했으면 하는 생각이 들면서 어떻게든 돈을 벌어야 한다는 이유가 이해되기도 하지만, 그런 마음으로 주식투자를 해도 기본적으로는 좀처럼 이길 수가 없다. 이유는 지금까지 설명한 대로이다.

먼저 무엇보다 중요한 것은 '마음의 안정', 즉 당신의 멘탈이다.

주식시장에는 많은 투자자가 돈을 벌려고 모여든다.

여러분 눈에는 어떻게 비칠지 모르겠지만, 적어도 내 눈에 주식시장은 투자자끼리 서로 물고 뜯고 경쟁하는 전쟁터로 보인다.

서로가 서로에게 일격을 가하기 위해 옥신각신 다투는 개인투자자들 측면으로 튼튼한 갑옷으로 무장한 외국인 투자자가 창칼을 들고 쳐들어오고, 그 뒤에는 각 나라의 깃발을 높이 쳐든 아랍제국 세력(오일머니)이나 연금 기금 세력(국영 투자 펀드) 같은 전문 트레이더들의 진영이 버티고 있다. 그들이 꿈쩍도 안 하고 버티는 이유는 눈앞의 외국인 투자자의 돌진으로 우리 개인투자자들이 동요하여 빈틈이 생기는 것을 노려서다.

그리고 머리 위로는 독수리 등의 맹금류와 까마귀가 날아다니는데, 힘이 다해 쓰러진 우리 개인투자자에게 당장이라도 달려들 기세다.

이런 상황에서 당신에게 조금이라도 심리적 약점이 있다면 주식투자에 부정적인 영향을 미쳐 손해를 보기 쉽다. 하물며 실력 이상의 결과를 원하다가는 대갚음을 당할 가능성도 크다.

자기 자신을 견실하게 성장시키는 과정을 통해 이익을 늘려나가야만 한다. 이러한 생각을 가지는 것이 올바른 자세가 아닐까 싶다.

## '충동 매수증'을 해소하자

거래 시간 중에 주가를 볼 수 있는 사람에게는 조심해야 할 점이 있다.

지금은 앱이 발달해서 PC 화면을 보는 것과 거의 다를 바 없을 정도로 스마트폰에서도 선명하게 그리고 조작성 좋게 종목 선정과 차트 열람이 가능하다.

그런데 이렇게 자주 주가를 보다 보면 자꾸만 주식이 사고 싶어지는 '충동 매수증'이 생길 가능성이 있다.

물론 '충동 매수증'은 진짜 병이 아니다. 다만 이 병에 걸리면 처음에 생각했던 시나리오에서 벗어나 주식 보유량을 늘리게 되거나 지금이 절호의 기회라고 생각하며 매수를 참지 못하게 된다.

"이대로 사지 않았다가는 손해를 볼 것이다."

"지금이 절호의 타이밍이다. 내일은 분명 오를 것이다."

라는 심리적 위협의 영향을 받아 쉽게 신용거래에 손을 대고 마는 투자자가 많다.

하지만 지금까지도 반복해서 말했듯이 주식은 충동적으로 매수해 봐야 잘 되는 일이 거의 없다.

안정적인 수익을 내기 위해서는 이 책에서 소개한 재현성을 확인하고, 매수 시까지의 투자 시나리오와 매매 노트를 확인하고, 자금을 관리한 후, 자신의 멘탈이 안정적이고 건전할 때만 거래하는 것이 중요하다.

그런데 종일 장세를 지켜보다가는 "이 종목도 사고 싶은데", "지금 안 사면 손해가 클 것 같은데" 하고 생각하기 쉽다.

이런 상태에서 벗어나기 위해서, 나는 주식 거래 시간이나 장세를 확인하는 시간대를 어느 정도 습관화하는 방법을 실천하고 있다.

다음 페이지에 나의 주식투자의 일상적인 루틴과 주말에 어떤 사이트에서 정보를 수집하고 조사하고 있는지를 소개하므로 참고하길 바란다.

블룸버그(Bloomberg)

주로 미국을 중심으로 세계 각지의 최신 금융 뉴스, 시장 정보, 시장 분석 데이터를 소개한다.

로이터(Reuter)

국제 뉴스 통신사의 웹사이트.

세계의 정치와 경제, 사회 정세에 관한 최신 뉴스를 신속하게 전달한다.

피스코(FISCO Ltd.)

국제 뉴스 통신사의 웹사이트. 세계의 정치와 경제, 사회 정세에 대해 최신 뉴스를 신속하게 알려준다.

매일같이 확인하다 보면
비즈니스 감수성도 크게 오른다냥~

6:00 기상, 샤워

6:20 커피를 내리면서 근력운동 시작

6:30 원고 집필 (책이나 논문 집필은 두뇌 회전이 활발한 아침 시간대가 좋다)

8:00 출근 (집에서 도보 10분 거리의 사무실 도착. 업무 메일 회신이나 사원의

일일 보고서 등을 확인, 유튜브 구독자의 질문에 회신)

8:30 미국 주식의 종가와 환율 확인

8:40 앱 뉴스 확인 (구체적 뉴스 앱은 앞 페이지 참조)

8:50 당일 투자 전략 세우기 (주로 당일 매도 종목과 매수 종목을 결정.

상황에 따라서는 매매 노트나 실패 메모 등도 확인)

9:00 일본 시장 시작과 동시에 매매 시작 (매매하지 않을 때는

평소 업무 시작)

9:15 지정가* 약정 확인 (매매는 지정가만, 현재가**거래는 하지 않음.

무사히 약정 확인 후 증권회사 사이트를 닫음)

9:20 평소 회사 업무 시작 (급락, 폭락 뉴스가 없는 한 주식에 대해서는

일절 생각하지 않음)

---

\* 지정가: 매매 가격을 지정하는 주문 방법을 말함. 원하지 않는 가격으로 거래가 성립되는 리스크를 방지한다.

\*\* 현재가: 매매 가격을 설정하지 않고 매매 성립을 우선하는 주문 방법을 말함. 일반적으로 지정가 주문보다 우선적으로 처리되는 경우가 많다.

# 마치며

## 당신은 미래를 '예상'할 수 있다

"주식투자에서 이기려면 재현성을 이용해야 한다."

일전에 500명 정도가 참가했던 증권회사 주최 세미나에서 이렇게 말했더니 한 남성이 번쩍 손을 들고는 다음과 같이 반론한 적이 있었다.

"거품이든 시세 차익이든 현재 벌어지고 있는 모든 일은 우연일 뿐, 똑같은 일은 재현되지 않는다. 그러므로 누구도 재현성을 이용할 수는 없다."라고.

물론 그 남성의 의견에도 일리는 있다.

하지만 내 생각은 전혀 다르다. 과거의 경험이나 데이터를 알면 미래에 일어날 일을 어느 정도 '예측'할 수 있다.

투자자는 수많은 투자처 중에서 경제 및 금융의 동향, 재무제표나 차트의 움직임을 통해 앞날을 기대하고 예상하면서 종목을 선택한다.

개별 종목이라면 가격은 어느 정도 오를지, 사업의 성장 가능성은 있는지, 재무 상태는 건전한지, 경영자의 자질에 대해서 장담할 수 있는지 등을 예상하는 것이다.

그뿐만이 아니다.

관심 종목의 업황이 호조세를 이어갈지, 재해 등의 리스크는 없는지, 인기가 없다면 좀 더 이목을 집중시켜 비즈니스 모델로서의 국제적 우위성을 확보할 수는 있는지, 환율 변동의 영향은 없는지, 그리고 미국이나 중국 등 무역국과의 경제 동향은 앞으로도 변함이 없을지 등등.

지구온난화 문제와 같은 사회적 이슈가 많은 지금이라면 탈탄소화나 차세대 에너지 분야에 확실하게 투자하고 있는지도 시야에 넣을 필요가 있다. 위 내용을 전부 예상하면서 종목을 선택하고 투자를 진행한다.

이처럼 투자에는 예상이 뒤따라야 하는데, 사실 들어맞는 예상도 있지만 빗나가는 예상도 있다. 만일 예상을 적중시키는 방법이 있다면 누구든 거금을 들여서라도 알고 싶어 할 것이다.

한편, 늘 이기는 베테랑 투자자가 판단해야 하는 것은 여기에 서술한 것 말고도 많다.

내가 생각하는 예상을 적중시키는 방법은 과거의 법칙이나 경험을 토대로 투자하는 것이다. 다시 말해 과거의 사건이나 성공한 많은 투자자가 가지고 있는 공통의 패턴을 토대로 이길 수 있는 타이밍과 영역만을 노려 투자 여부를 판단한다.

## 과거의 경향과 대책에서 재현성을 도출한다

예를 들어 2배 오를 주식이나 10배 오를 주식으로 커다란 이익을 봤다고 자만하는 투자자가 있다고 하자.

최근 들어 투자 붐의 영향으로 주식 카페나 투자 리딩 카페 등이 생겨나면서 미디어를 떠들썩하게 하고 있는데, 그런 곳에서 주식으로 큰돈을 벌었다는 사람을 만났을 때 그저 '대단하다'고 생각하는 것만으로는 아직 이류다.

단순히 이긴 것에만 관심을 두기보다 그 노하우와 경험에 재현성이 있는지를 제대로 판단하는 것이 중요하다.

가령 그 투자자가 어쩌다 우연히 이겼다면 이익을 두 배로 불릴 수는 있어도 거기서 다시 두 배로 불리고 또 두 배로 불리기를 반복하는 식으로 자산을 불리기는 어렵다.

물론 누구도 앞일은 알 수가 없다. 그렇기에 더더욱 지금 손에 들어온 과거의 데이터나 경험을 통해 이기기 위한 재현성을 '올바르게 아는' 것이 중요하다.


기본적으로 나는 회사 경영자이자 유튜버이다 보니 여러분과 같은 부업 트레이더라는 입장이다. 오히려 여러분보다 투자에 들이는 시간은 더 적을지도 모르겠다.

그래도 장세가 좋을 때는 연간 수천만 엔이나 되는 이익을 창출하기도 한다. 시급으로 계산하면 수백만 엔, 꽤 수지가 맞는 일이다.

　그것도 모두 이 책에 쓴 재현성을 중요시하면서 자금 관리와 멘탈 관리를 하는 덕분이다.

　지금까지 이 책을 읽은 여러분이라면 분명히 해낼 수 있으리라 생각한다. 자기 자신을 믿고 함께 앞으로 나아가 보자.

## 가미오카 마사아키(上岡 正明)

주식회사 프런티어컨설팅 대표이사

지금까지 상장 기업 및 외국계 기업을 중심으로 홍보 PR 지원, 신규사업 구축, 외국계 기업의 국내외 PR 및 해외프로모션 컨설팅, 스웨덴대사관, 두바이 정부 관광국 등 국제관광 유치행사 등을 추진했다. 대학원에서 MBA(정보공학 박사 전기과정)를 수료했으며, 다마대학과 세이케이 대학, 테즈카야마대학 등에서 객원 강사로 활동하고 있다. 또한, 뇌과학과 사람의 행동 심리에 기초한 연구 세미나는 늘 인기리에 이루어지고 있으며, 출간한 비즈니스 서적은 13권으로 중국과 대만에서도 번역본이 출판되어 누계 55만 부가 발행되었다. 아울러 투자 경력 26년의 유명 투자자로 활약하며 지금까지 약 6억 엔의 자산을 형성했다. '닛케이 베리타스'를 비롯해 '주간 다이아몬드', '동양 경제 온라인', '프레지던트 온라인'과 간사이 TV 방송국 등, 각종 매체와 인터뷰를 진행. 약 20만 명의 구독자를 자랑하는 비즈니스 계열 인기 유튜버로도 활동 중이다.

일본 사회심리학회, 일본 행동경제학회, 일반사단 일본 심리행동분석학회, 일반사단법인 소아심신의학회, 일본 신경심리학회의 소속 회원.

**과학적 접근으로 주식 투자 승리하는 ㅂ2법칙**

# 이기는 투자자는 이것만 한다

**초판 1쇄 인쇄** 2024년 11월 29일
**초판 1쇄 발행** 2024년 12월 15일

**지은이**　가미오카 마사아키
**마케팅**　㈜더북앤컴퍼니
**펴낸곳**　도서출판 THE 북
**출판등록**　2019년 2월 15일 제2019-000021호
**주소**　서울특별시 영등포구 양평로12가길 14 310호
**전화**　02-2069-0116

**이메일**　thebook-company@naver.com

**ISBN**　979-11-990195-1-5 (03320)

KATERU TOSHIKA WA,'KORE' SHIKA YARANAI
Copyright ©2022 by Masaaki KAMIOKA
All rights reserved.
Interior illustrations by Yusuke TAKAHARA
First original Japanese edition published by PHP Institute, Inc., Japan.
Korean translation rights arranged with PHP Institute, Inc. through JM Contents Agency Co.